BASTEI
LÜBBE

Von Michael Mary sind bei Bastei Lübbe Taschenbücher lieferbar:

60512 5 Lügen die Liebe betreffend
60532 5 Wege die Liebe zu leben
60539 Change
60553 Die Glückslüge
60566 Mythos Liebe
60585 Das Leben lässt fragen, wo du bleibst

Über den Autor:

Michael Mary, 1953 geb., ist verheiratet und lebt in der Nähe von Hamburg. Seit 1979 führt er Beratungen und Seminare zum Thema Partnerschaft und Persönlichkeitsentwicklung durch. Weitere Informationen zur Person und seinen Büchern sind auf der Homepage *www.michaelmary.de* zu finden.

Michael Mary

Lebe deine Träume

BASTEI
LÜBBE

BASTEI LÜBBE TASCHENBUCH
Band 26890

Vollständige Taschenbuchausgabe

Bastei Lübbe Taschenbücher in der Verlagsgruppe Lübbe

Titel der Erstausgabe: »Wie Lebensträume wahr werden«
© 1996 by Kreuz-Verlag
Lizenzausgabe:
© 2006 Verlagsgruppe Lübbe GmbH & Co. KG,
Bergisch Gladbach
Dieses Werk wurde vermittelt durch die
Literarische Agentur Thomas Schlück GmbH, 30827 Garbsen
Umschlaggestaltung: Nadine Littig
Satz: Textverarbeitung Garbe, Köln
Druck und Verarbeitung: GGP Media GmbH, Pößneck
Printed in Germany, Juli 2008
ISBN 978-3-404-26890-0

Sie finden uns im Internet unter
www.luebbe.de
Bitte beachten Sie auch: www.lesejury.de

Inhalt

Vorwort

Was ist der Sinn des Lebens? Diese philosophische Frage ist keinesfalls Gegenstand der Erörterungen dieses Buches.

Was ist der Sinn *meines* Lebens? Wie kann ich ihn erkennen? Und wie kann ich ihn erfüllen? Darum geht es in diesem Buch.

Die richtigen Antworten auf solche zentralen Anliegen sind allerdings weder in irgendwelchen Ratgebern noch von weisen Leuten oder solchen, die sich dafür ausgeben, zu bekommen. Die Antwort auf den Sinn des Lebens kann ein Mensch nur an einem einzigen Ort finden: in seinen Lebensträumen.

Doch ganz so einfach ist die Angelegenheit nicht. Lebensträume weisen nicht direkt, sondern indirekt auf den Lebenssinn hin. Ihre Botschaften wollen entschlüsselt werden. Sonst läuft man Gefahr, irgendetwas zu tun.

Das ist ein armer Tropf, der weiß, *was* er tut, aber nicht weiß, *wozu* er es tut. Es geht darum zu begreifen, wovon man träumt, wenn man vom Leben träumt.

Michael Mary im Januar 2006

Einleitung

Jeder Mensch unseres Kulturkreises ist permanent damit beschäftigt, etwas zu erreichen.

Die Menschen entwickeln Absichten, schmieden Pläne, verfolgen Ziele, entwerfen große und fantastische Vorstellungen davon, worauf es im Leben ankommt und was sie werden oder haben wollen. Anschließend gebrauchen sie ihre ganze Kraft bei dem Versuch, diese Zukunft zu verwirklichen.

Es ist wahrscheinlich die Sehnsucht nach einem glücklichen und erfüllten Leben, die, bewusst oder unbewusst, die Menschen vorwärtstreibt. Doch wie kann man solch große Ziele erreichen? Wie kann man ein Optimum an Glück, Zufriedenheit und Lebensqualität erleben?

Was soll man tun, und was soll man lassen, auf welche Dinge zugehen, welchen ausweichen? Wie sich entscheiden bei dem Versuch, die Richtung zu finden und das Richtige zu tun? Denn was jemand anstrebt und wozu er sich entscheidet – alle Ziele können Glück oder Unglück bedeuten und mögen Erfülltsein oder Entleertsein mit sich bringen.

Das Leben bietet scheinbar eine Fülle an Möglichkeiten. Man kann reich oder berühmt werden, zum Mond fliegen oder den Nobelpreis gewinnen, ein Auto besitzen oder sogar Dutzende, in Familien leben oder im Kloster, Staatspräsident werden, Forscher oder Bauer, auf eine einsame Insel auswandern oder in Städten wohnen und ... und ... und ... tausend anderes mehr.

Man kann die tollsten Lebensträume verwirklichen. Doch was wird am Ziel warten? Wird man tatsächlich glücklicher sein? Werden die Jahre oder manchmal sogar Jahrzehnte der Anstrengung sich auszahlen? Oder wird man enttäuscht werden von Träumen, die viel versprachen und wenig hielten?

Was wird jemand am Ende seines Lebens sagen? »Es war großartig« oder »Es war ein großes Missverständnis«?

Das hängt davon ab, woran er sich Zeit seines Lebens orientiert hat – am individuellen Mythos oder am gesellschaftlichen Mythos. Dies sind zwei wichtige Begriffe, die Erläuterung verdienen.

Der gesellschaftliche Mythos beschreibt eine Welt sichtbarer, anfassbarer und leicht zu beschreibender Gegenstände und Symbole. Er bezieht sich auf alles, was man haben und besitzen kann. Sein Versprechen an den Menschen lautet: »Um ein sinnvolles, glückliches Leben zu führen, musst du etwas ... *haben*.«

Die Vorstellung des *Haben* beinhaltet eine Verheißung aufgrund eines Traumes, den viele Menschen gemeinsam träumen. Der gesellschaftliche Mythos ist ein mächtiger Traum, der von außen auf den Mensch zukommt.

Der individuelle Mythos hingegen bezeichnet die Welt unsichtbarer, schwer zu beschreibender innerer Bedingungen des

Menschen. Seine Hoffnung lautet: »Um ein sinnvolles und erfülltes Leben zu führen, muss ich etwas ... *sein*.«

Die Vorstellung des *Sein* beinhaltet Sehnsüchte, Verlangen, Begierden des einzelnen Menschen, meint seine Suche nach einer ganz bestimmten Lebensqualität. Der individuelle Mythos ist ein mächtiger Traum, der von innen auf den Menschen einwirkt.

Individueller und gesellschaftlicher Mythos, also die Spannung zwischen äußeren und inneren Traumbildern, verstricken einen Menschen in ein Gewebe von Sehnsüchten, Hoffnungen, Zielen und Handlungen, in dem sich sein Leben und dessen Qualität entscheiden wird.

In diesem Buch geht es darum, dieses Gewebe zu durchschauen. Es geht um die Frage, wie ein Mensch Lebenssinn finden und woran er sich dabei orientieren kann. Es ist ein praktisches Buch, aus der Begleitung von Menschen entstanden, und es zeigt, dass ein jeder die gesuchte Orientierung in sich selbst finden kann – indem er die Bedeutung seiner Lebensträume entdeckt.

Kapitel 1: Haben und Sein

In diesem Kapitel beschreibe ich, was Menschen sich vom Leben versprechen, wie Lebensträume entstehen, wie man sich darin findet oder verloren geht oder davon besessen sein kann.

Das Versprechen der Gesellschaft

Man wird in eine Welt geboren, in welcher die Menschen von früh bis spät, von morgens bis abends damit befasst sind, etwas zu schaffen, etwas zu besitzen und etwas zu werden. Sie wenden beträchtliche Energie auf, diese Ziele zu erreichen.

Die ganze Gesellschaft teilt den Mythos des Habens. Es handelt sich um eine kollektive Überzeugung vom Wert der Dinge und der anfassbaren Lebensziele. Alle scheinen darin einig zu sein, worauf es im Leben ankommt. Fest und bedingungslos glauben die Menschen an diesen gesellschaftlichen Mythos und beten den Gott der Dinge an.

Warum tun sie das? Aus einem einzigen Grund – weil es alle tun, weil die Menschen diesen Traum gemeinsam träumen. Weil dieser Traum dem Leben Sinn zu geben scheint. Diese immense Faszination des Habens bezieht sich auf materielle als auch auf immaterielle Güter.

Reichtum

»Er ist knapp achtzehn Jahre alt und hat schon seine erste Million gemacht.« Ein solch erfolgreicher und dazu so junger Mensch erfährt höchste Bewunderung, denn er hat *es* schon geschafft.

Der Glaube ans Haben macht vieles möglich. Zwanzigjährige können Dutzende oder Hunderte von Millionen verdienen, wenn sie gut Tennis spielen oder gut singen. Oder wenn sie nach fünfzig Runden im Rennwagen eine zehntel Sekunde schneller sind als andere. Woher die Eile? Weil es für alle darum geht, schnell ans Ziel zu kommen – und bitte als Erster!

Wenn Menschen hemmungslos Besitz und Reichtümer horten, werden sie nicht als krank oder süchtig erachtet, sondern man glaubt, sie hätten etwas Sinnvolles geschaffen. Niemand fragt, wozu es gut sein könnte, beispielsweise 30 Milliarden Euro Vermögen (wie die Aldi-Brüder) oder 80 Milliarden Dollar (wie Bill Gates) zu besitzen. Man fragt, wie sie das machten, denn man will ein Stück vom großen Kuchen *haben*.

Es gibt Menschen, die besitzen zweitausend oder sogar zwanzigtausend Häuser. Weil sie darin nicht wohnen können, bleibt ihnen nur, sie zu besitzen. Sie können diese Wohnungen verkaufen, abreißen oder anstreichen, vermieten oder leer stehen lassen. Und niemand schüttelt verwundert den Kopf, sondern jeder ist voller Bewunderung. Man hätte auch gern »ein paar« davon.

Fast jeder glaubt an den Sinn großen Reichtums. Sogar wer bewusst nichts von der Jagd nach Geld hält, würde gegen einen »kleinen Lottogewinn« nichts einzuwenden haben.

Dinge

Auch wer sammelt, *hat*. Etwa eine komplette Ausgabe der Telefonkarten von 1990 oder die gesamte Kollektion Swatch-Uhren oder wenigstens eine vollständige Reihe der Schokoladen-Überraschungseier oder die größte Bierdeckelsammlung der Welt.

Wie wäre es mit der vollständigsten Sammlung zeitgenössischer Kunst oder dem weltweit größten Diamanten oder dem einzigen Exemplar eines kleinen Stücks bedruckten Papiers, das man Briefmarke nennt? Sogar die weltgrößte Sammlung handgeschnitzter Knochenschiffmodelle scheint es wert zu sein, sie zu *haben*.

Erfolg und Ruhm

Die Faszination des Habens begrenzt sich indes nicht auf materielle Dinge. Sie umschließt ebenfalls ideelle Dinge.

Wie wäre es, der erste Mensch zu sein, der in Folge einhundertachtunddreißig Tennisturniere gewonnen hat? Oder der einzige Sänger, dem es gelang, fünf Millionen Platten innerhalb von drei Monaten zu verkaufen? Oder als jüngster Teilnehmer aller Zeiten in die Geschichte der Olympischen Spiele einzugehen? Oder der einzige Mensch zu sein, der jemals an einem Montag den Rekord im Dauerhüpfen aufstellte?

Massenhaft werden Bücher gekauft, in denen endlose Reihen solcher und anderer Rekorde aufgelistet sind. Nicht wenige Menschen tun vieles, um darin aufgeführt zu werden. Sie sitzen sechzig Stunden lang auf einem vier Meter hohen Pfahl, tanzen sechs Tage und Nächte ohne Unterbrechung oder stehen achtzehn Stunden lang auf einem Bein. Vielleicht würde es lohnen, den Weltrekord im Essen hart gekochter Eier einzustellen oder das längste Haar der Welt auf seinem Kopf wachsen zu lassen?

Eltern kaufen Bücher, in denen solche Rekorde aufgelistet werden, und schenken sie ihren Kindern. Sie fordern sie damit auf, teilzunehmen an den Versuchen, aus der Masse herauszuragen und etwas zu haben, was kein anderer hat.

Macht

Wer weder an Reichtum noch an Ruhm und Ehre Gefallen findet, dem bietet der gesellschaftliche Mythos die Macht an.

Macht kann über Menschen, einen Staatsetat oder Atombombenversuche entscheiden. Sie kann bewirken, dass eine Armee einmarschiert. Macht entscheidet über Schicksale, manchmal über Leben und Tod. Sie verleiht Bedeutung.

Wer viel Macht *hat*, geht in die Geschichte ein. Noch in hundert Jahren werden die Menschen seiner gedenken. Politik und Wirtschaft sind bewährte Wege zu Macht und Bedeutung. Es erfordert die gesamte Lebenskraft eines Menschen, an den Ritualen teilzunehmen, die Einlass in den Club der Mächtigen gewähren.

Titel

Ansehen und Vorteile bringt es auch, einen Titel zu *haben.* Etwa ein Diplom, einen Doktor, einen Professor, den des Vorsitzenden eines Ausschusses oder andere Titel, die sich auf Visitenkarten drucken lassen. Wie wäre es mit einem Grafen-, Fürstenoder gar Königstitel? Konsul Weyer verdiente sechzig Millionen mit dem Handel solch schöner und wichtiger Dinge.

Ein nicht geringer Teil der Studenten ist vorwiegend am Erwerb solcher Titel interessiert, denn diese gewähren Zugang zu hohen gesellschaftlichen Kreisen oder erlauben es, bestimmte Tätigkeiten auszuüben. Damit öffnen sie wiederum Türen zu den anderen Formen des Habens, etwa zu Ruhm oder Reichtum.

Familie/Partner

Die Vorstellung des Habens bleibt nicht bei Geld, Ruhm, Macht und Titeln stehen. Sie geht in soziale Bereiche hinein.

Die Gesellschaft meint, jeder sollte eine Familie *haben*. So sprechen die Menschen eher davon, eine Familie zu gründen (so wie eine Firma), oder davon, Kinder zu *haben,* und weniger davon, Vater oder Mutter zu *sein*.

Auch einen Partner will man haben, einen Mann oder eine Frau! (Und um ehrlich zu sein, eine schöne Frau wäre noch besser, ebenso ein reicher Mann!) So heiratet man, gründet Familie und hofft, damit schon am Ziel zu sein. Erst im Lauf der Zeit wird bemerkt, dass es nicht genügt, einen Partner zu haben, sondern dass es vielmehr darauf ankommt, Partner zu sein.

Jugend

Selbst sehr vergängliche Dinge kann man *haben* wollen. Zum Mythos der Gesellschaft gehört der Glaube an Schönheit und Jugend. Viele Menschen quälen sich beträchtlich bei dem Versuch, diese Dinge zu erhalten.

Sie kämpfen darum, schlank zu bleiben, und versuchen durch Fitness und Joggen, dem Alter davonzulaufen. Eine gute Figur, ein schönes Gesicht, tolles Haar, glatte Haut, den zu jedem Anlass passenden Geruch, eine positive Ausstrahlung ... all das will man haben.

Gott

Schließlich und endlich träumen die Menschen davon, einen Gott zu *haben,* und sind weniger daran interessiert, religiös zu *sein*.

Und wenn man einen Gott hat, dann den Richtigen, den Wahren. Alle sollten ihn haben! Fundamentalisten aller Religionen haben durch alle Zeiten hinweg Kriege geführt und Morde begangen, weil andere es wagten, nicht an den einen und wahren Gott zu glauben.

Reichtum, Dinge, Ruhm und Ehre, Macht, Familie, Jugend, Gott – davon träumen Millionen Menschen. Sie erschaffen auf diese Weise den gesellschaftlichen Mythos. Dieser Mythos drückt aus, was die Gemeinschaft anerkennt, woran sie glaubt und was sie für sinnvoll und erstrebenswert hält.

Auffälligerweise geht es um Dinge, Titel oder Rollen. Um etwas, das man vorzeigen kann, um äußere Symbole des Glücks. Die Menschen scheinen zutiefst davon überzeugt, dass Glück automatisch eintritt, wenn man eines der Ziele des gesellschaftlichen Mythos erreicht. Deshalb üben diese Symbole eine geradezu unwiderstehliche Faszination aus.

Daher ist der gesellschaftliche Mythos außerordentlich mächtig, und man wird täglich tausendfach mit ihm konfrontiert. In Filmen, Büchern, Zeitungen, in Gesprächen und in den meisten Handlungen. Kein Mensch kann ihm entkommen, niemand kann ihn ignorieren; und bevor jemand erwachsen ist, hat er den gesellschaftlichen Mythos vollständig verinnerlicht. Er ist in dieser oder jener Form sein Jünger geworden.

So sind es aus der Perspektive des Individuums also »die anderen«, die durch den gesellschaftlichen Mythos zeigen, worin der Sinn des Lebens besteht.

Ihre Botschaft lautet: »Sieh zu, dass du etwas erreichst! Schaffe etwas! Kauf dir ein großes Auto! Mach Karriere! Sei besser als andere! Ergreife einen anerkannten Beruf! Finde einen Mann! Erwirb einen Titel! Lege dir Besitz zu! Sei schöner als andere! Gewinne Macht! Gründe eine Familie! Baue ein Haus! Werde etwas!«

Warum ist dieser kollektive Traum so faszinierend? Weil er ein Versprechen beinhaltet, wie es größer nicht sein könnte. Das Versprechen: »Wenn du eines der Ziele erreicht hast, dann wirst du ... glücklich sein! Dann bist du angekommen!« Dieses Versprechen ist derart hypnotisierend, dass der Versuch, eines der Symbole des gesellschaftlichen Mythos zu erreichen, ein ganzes Leben bestimmen kann. Der Mensch überlegt nicht lange, er läuft los, den Symbolen des Glücks entgegen.

Ja, wir alle sind Gläubige des gesellschaftlichen Mythos.

Die Hoffnung des Einzelnen

Die Gesellschaft als Ganzes vom Haben. Wovon träumt das Individuum?

Befragt man einzelne Menschen, worauf es im Leben ankomme, sprechen sie von »zufrieden sein«, »geborgen sein«, »sicher sein«, »glücklich sein«, »gesund sein«, »geliebt sein« oder ähnlichen Erfahrungen.

Es fällt auf, dass hier keine greifbaren und sichtbaren Symbole beschrieben werden, vielmehr bestimmte Zustände. Um es genau auszudrücken: *Daseinszustände.* Kaum jemand meint ernsthaft, es ginge im Leben letzten Endes um Häuser, Autos, Reichtum, Rekorde oder Titel. Menschen wollen vielmehr etwas ganz Bestimmtes erfahren, wollen etwas … *sein.*

Im Unterschied zur Gemeinschaft träumt das Individuum nicht vom Haben, sondern vom Sein.

Diese Sehnsucht nach einem bestimmten Daseinszustand bezeichnet man als den individuellen Mythos eines Menschen. Ein individueller Mythos hofft: »Wenn ich einen bestimmten Zustand erreicht habe, dann werde ich glücklich sein.« Somit stellt er einen Traum nach einem besonderen Lebensgefühl, einem durchgehenden Empfinden, einer bestimmten Lebensqualität dar.

Wenn jemand von etwas träumt, bedeutet dies, dass er über das Geträumte nicht verfügt. Wer einen Kaffee in der Hand hält, kann unmöglich davon träumen. Und wer sich an einen Strand legt und von der Sonne bescheinen lässt, dessen Traum davon löst sich auf. Gleiches gilt für den individuellen Mythos.

Von bestimmten Daseinszuständen zu träumen bedeutet, keinen oder nicht genügend Zugang zu ihnen zu haben.

Wessen individueller Mythos beispielsweise »Sicherheit« lautet, dessen Lebensgefühl wird in großem Maße von Unsicherheit geprägt sein. Wessen Leben von Hektik und Stress geplagt wird, der wird sich nach dem Zustand des Entspanntseins sehnen, weil er diesen vermisst. Und wer sich tief innen minderwertig fühlt, der träumt von Selbstbewusstsein.

Also suchen Menschen durch ihre individuellen Mythen, was sie aufgrund der Umstände ihres Lebens wenig oder zu wenig kennen und wovon sie mehr brauchen, um zufrieden und erfüllt zu sein. Im individuellen Mythos sammeln sich daher alle Vorstellungen, Träume und Sehnsüchte, die ein Mensch erfüllen muss, wenn er Glück und Erfüllung finden will.

Der individuelle Mythos spiegelt die Sehnsucht nach Sinn und Glück. Allerdings ist er ein verborgener Traum. Kaum jemand kann ihn direkt benennen.

Der verborgene individuelle Mythos

Der Blick der Menschen ist nach außen gerichtet. Sie stehen wie Kinder mit leuchtenden Augen vor äußeren Symbolen und sind von deren Glanz gebannt. Daher sind sie sich nicht der immensen Bedeutung des individuellen Mythos bewusst, denn er liegt innen und wird übersehen.

Ein weiterer Grund, warum kaum jemand seinen individuellen Mythos kennt, liegt darin, dass er sich vor dem Bewussten des Menschen geradezu verbirgt und ein Versteck im Unbewussten sucht. Denn keinem fällt es leicht zuzugeben: »Ja, mir fehlt etwas sehr Wichtiges. Ich sehne mich.« Beispielsweise nach Ruhe, Sicherheit, Lebendigkeit, Wahrhaftigkeit, Entspannung, Abenteuer ...

Stellen Sie sich einen Mann vor, der von einem superschnellen Auto mit zweihundert Pferdestärken träumt. Soll dieser Mann zugeben, ein geringes Selbstwertgefühl zu haben? Soll er zugeben, in einem inneren Zustand der Minderwertigkeit zu leben? Soll er auf die Frage »Wozu kaufst du dir ein solches Auto?« antworten »Weil ich mich unvollständig fühle und danach sehne, beachtet zu werden, weil ich meine innere Unsicherheit überdecken will«?

Derartiges sich selbst oder anderen einzugestehen fällt in der Tat nicht leicht, denn seine Sehnsüchte erinnern den Menschen daran, was er nicht oder noch nicht hat und wo er nicht oder noch nicht ist. Sie legen gewissermaßen den Finger auf eine innere Wunde. So würde die unmittelbare Offenbarung des individuellen Mythos einem Gesichtsverlust, einem Identitätsverlust, gleichkommen. Sollte beispielsweise ein Kämpfer, jemand, der für alles kämpft und sich permanent anstrengt, der für stark und selbstbewusst gehalten wird, seinen Mythos entdecken und anschließend von seiner Sehnsucht nach Losgelassenheit und Hingabe sprechen, würde diese Veränderung zumindest mit Verwunderung aufgenommen werden. Wahrscheinlich würden seine Freunde ihn für verrückt halten.

Individuelle Mythen decken sich nicht mit dem Bild, das man von sich selbst hat oder das andere Menschen von einem haben. Sie verhalten sich nicht konform zur Identität, sondern laufen eher dagegen an. Das kommt daher, dass Menschen ihre

Identität meist aus dem beziehen, was sie vorzeigen können und besitzen, also aus dem gesellschaftlichen Mythos des Habens, aus der Anerkennung und Bestätigung der anderen.

Der individuelle Mythos bezieht sich aber auf das Selbst und macht nur für diesen individuellen Menschen Sinn. Dafür, ihm Kraft zu geben, kann man sich nur selbst Anerkennung zollen. Für jede Identität, die sich aus der Übereinstimmung mit anerkannten Werten ergibt, stellt der individuelle Mythos eine Provokation dar. Er ist es, durch den sich ein Mensch vom anderen Menschen unterscheidet. Er löst ihn aus Rollen und allgemeinen Definitionen und macht ihn zum Individuum.

So fordert der individuelle Mythos den Menschen durch seine Träume und Sehnsüchte permanent dazu auf, ein eigener Mensch zu sein, ein verwirklichtes Individuum zu werden.

Dabei ist es dem individuellen Mythos ganz und gar gleichgültig, was man von ihm hält. Kein Mensch kann sich aussuchen, wonach er sich sehnt. Niemand kann beschließen, einen Traum *nicht* zu haben. Ebenso wenig, wie er wählen kann, in wen er sich verlieben wird. Seine Träume haben Macht über den Menschen, und er kann sie nicht kontrollieren.

Auf den individuellen Mythos, auf die Quelle seiner Sehnsüchte, ist kein bewusster Einfluss möglich. Man ist ihm gewissermaßen ausgeliefert. Er hat Macht über den Menschen.

Ein Schlüssel zum Glück könnte demnach lauten: Tue vor allem, was dein Unbewusstes will, und nicht nur, was du (dein Bewusstsein) willst!

Die Geburt von Lebensträumen

Da laufen Menschen durchs Leben, sind voller Sehnsüchte, voll von den Erwartungen des individuellen Mythos, auf der Suche nach einem besseren Sein, nach der Verwirklichung von Lebensqualität, nach Glück, danach, was ihnen im Inneren fehlt und wovon sie kaum mehr als eine vage Ahnung und ein unbestimmtes Gefühl haben.

Und dort außen, unmittelbar vor ihren Augen, türmen sich die wunderbaren Gegenstände des Habens, die glitzernden Symbole des gesellschaftlichen Mythos auf. Dort draußen winken unzählige Verheißungen und warten sagenhafte Glücksversprechen darauf, ergriffen zu werden.

Was könnte in dieser Situation anderes geschehen, als dass sich innere Sehnsüchte quasi magnetisch an äußere Symbole heften; und umgekehrt?

Jetzt ist der Mensch hypnotisiert, vom Symbol gebannt. Er bleibt daran hängen, denn es verspricht die fehlende Lebensqualität. Es verspricht Erfüllung. Die Zukunft. Das ersehnte Leben. Den Sinn.

Die unausgesprochene Frage des Individuums lautet: »Wie kann ich die ersehnte Lebensqualität erreichen, wie kann ich (etwas) sein?« Und die Antwort kommt spontan: »Es ist ganz einfach – du musst bloß (etwas) haben, bloß (etwas) erreichen!«

Das gesellschaftliche Symbol hat Eingang in den Menschen gefunden und ihn besetzt. Jetzt träumt er davon, es zu besitzen, und augenblicklich beginnt er, von dieser ihm unerklärlichen

Faszination getrieben, die faszinierenden Dinge und Ziele anzusteuern. Er schmiedet Lebenspläne: *Das ist toll! Das will ich haben! Das will ich werden! Das will ich erreichen! Das ist mein Ziel! Das wird mich glücklich machen! Das ist die Bestimmung meines Lebens. Ohne jeden Zweifel!*

Irgendwann geschieht jedem Menschen diese magische Verknüpfung zwischen äußeren Symbolen und inneren Sehnsüchten. Auf diese Weise entstehen Lebensentwürfe, Lebenspläne, Lebensziele. Von den Hintergründen, von den Quellen seiner Träume, vom individuellen Mythos, davon weiß der Mensch nichts. Aber seine Träume haben eine sichtbare Form angenommen.

In seinen Lebensträumen weiß der Mensch zwar nicht, was er sein will, aber er weiß ganz genau, was er haben will.

Diese Verknüpfung von Symbol und Sehnsucht geschieht fast ausnahmslos recht früh im Leben:

- Ich wusste schon als Kind, dass ich Porsche fahren würde.
- Ich habe immer geträumt, ganz nach oben zu kommen.
- Schon seit meinem achten Lebensjahr träumte ich davon, dieses Land einmal zu verlassen.
- Ich habe die Jagd auf das Geld immer verachtet. Ich wusste, dass meine Aufgabe darin bestand, Menschen zu helfen.
- Für mich kam es nie in Frage, die Karriere für die Partnerschaft aufzugeben. Ich wollte nicht wie meine Mutter werden.
- Mir war schon als Mädchen klar, dass ich drei Kinder wollte.
- Ich wusste immer genau, was für einen Mann/eine Frau ich haben wollte.

Seit »damals« und »schon immer« träumen Menschen von ersehnten Zuständen, und seither glauben sie felsenfest, diese wären über die betreffenden Symbole zu erreichen.

Da die Sehnsucht hinter den Symbolen außerordentlich stark ist, verleiht sie den Dingen Macht. Eine Macht, welche sich beispielsweise die Werbung zunutze macht, denn Werbung folgt dem Mechanismus der Verknüpfung von äußerem Objekt und ersehntem Zustand. Werbung ist voller Versprechen: »*Trink Bier, und du gehörst dazu*«, »*Trage Joop, und du bist in*«. Anscheinend ist es nicht besonders schwer, vom individuellen Mythos zu profitieren.

Hält man sich vor Augen, wozu Menschen bereit sind, um ihre Lebensträume zu verwirklichen, kann man erkennen, mit welch ungeheurer Macht der individuelle Mythos sie zu den Symbolen drängt und daran bindet.

Viele arbeiten versessen und sparen jeden Pfennig, um sich ein tolles Fahrzeug kaufen zu können. Andere schuften bis zur Erschöpfung, um Karriere zu machen. Manche Menschen entführen Kinder, weil sie selbst keine bekommen können. Männer kaufen sich Frauen aus armen Nationen und hoffen, damit Beziehungsglück zu kaufen. Bestechung, Betrug, all das soll in den Besitz von Symbolen bringen. Und wer sie legal nicht erreichen kann, stiehlt die begehrenswerten Dinge oder bringt sogar jemanden dafür um.

Wie sich der individuelle Mythos mitteilt

Wenn der individuelle Mythos solch unvergleichliche Macht ausübt, dann muss seine Erfüllung zu den wichtigsten Dingen im Leben eines Menschen zählen.

Ich glaube, genau so ist es! Es gibt eine Instanz im Inneren, nennen wir sie das Unbewusste oder die Sehnsucht, die weiß, was man braucht, und die in diese Richtung drängt. Und gegen diese Kraft kommt niemand an. Sie drängt den Menschen zur Handlung.

Allerdings gibt es da ein Problem. Wie soll das Unbewusste dem bewussten Teil des Menschen, dem Ich, mitteilen, was es anstrebt? Wie vermittelt es seine Botschaft? Wie macht es dem Willen klar, was auf einer tieferen Ebene ersehnt wird?

Das Unbewusste kann keine klaren Anweisungen geben. Es kann nicht einmal sprechen, denn Sprache unterliegt zu großen Teilen der Kontrolle des Bewusstseins. Dem Unbewussten fehlt die Möglichkeit direkter Kommunikation.

Wann immer·Menschen eine Erfahrung nicht sprachlich beschreiben können, kommunizieren sie durch Bilder. Beispielsweise antwortet jemand auf die Frage: »Wie geht es dir?« mit dem Bild »Ich könnte Bäume ausreißen« oder mit dem entgegengesetzten Bild: »Ich möchte mich verkriechen.« Solche Bilder werden verstanden.

Ein witziges Beispiel dieser Bildsprache kommt in dem mongolischen Film Urga vor. Da antwortet ein Mann auf die Frage seines Bruders: »Hast du schon mal ein Kondom benutzt? Wie ist das?« mit einer Metapher: »Bist du schon mal mit Stiefeln geschwommen?« Jeder versteht diese Bildersprache, sie erübrigt tausend Worte.

Bilder und Metaphern sagen mehr als einzelne Worte oder Sätze. Sie transportieren komplexe Informationen und komplizierte Zusammenhänge, und darüber hinaus lösen sie bestimmte Gefühle aus. Das Bild eines Porsche lässt manches Männerauge glänzen. Der individuelle Mythos macht sich dies zunutze, indem er seine Botschaft durch Bilder mitteilt. Bilder und die von ihnen transportierten Gefühle sind seine wesentlichsten Möglichkeiten, mitzuteilen, was er anstrebt.

Woher aber bezieht das Unbewusste seine Bilder? Es kann sie ja nicht erfinden. Aus der Außenwelt, aus den Symbolen des gesellschaftlichen Mythos! Dies sind die einzigen Bilder, die erhältlich sind, und sie sagen mehr aus, als ihr Wortsinn beschreiben kann.

Für das Unbewusste ist ein Auto mehr als ein Auto. Es zeigt bildhaft einen Erlebniszusammenhang. Eine Familie ist mehr als eine Ansammlung von Menschen. Sie ist ein Bild für Verbundenheit. Ein akademischer Titel ist mehr als ein Stück Papier. Er ist ein Bild für Achtung und Anerkennung.

Deshalb kann man sämtliche äußeren Dinge, Gegenstände, Titel und Ziele als Symbole für etwas Inneres betrachten.

Die bisherigen Ausführungen zeigen, wie sehr Menschen darauf angewiesen sind, sich an äußeren Symbolen zu orientieren. Und zugleich bedeutet es, dass eine Lebensplanung nicht – wie man stets glaubt – unter dem Diktat der Vernunft steht, sondern unter dem Diktat der Sehnsucht und damit der Gefühle.

Zwar glaubt der Mensch, ein rationales Wesen zu sein und sein Leben auf einer vernünftigen Grundlage zu gestalten, doch er irrt. Er wird in weit größerem Ausmaß von den Sehnsüchten gelenkt, die sich im individuellen Mythos sammeln. Der individuelle Mythos verfügt über die ungeheure Kraft, den Verstand zu seinem Ausführungsorgan, zu einem Instrument zu machen, das eine einzige Aufgabe erfüllen soll: ihn bei seiner Verwirklichung zu unterstützen.

»Zuerst habe ich Jura studiert, dann Sozialarbeit, und schließlich bin ich in die Obdachlosenarbeit gegangen. Im Laufe der Jahre habe ich mich aber in dieser Arbeit aufgegeben. Ich war getrieben von etwas. Hinter all dem hat meine Sehnsucht nach Vertrauen in das Leben gesteckt, das ist mir heute klar. Aber unbewusst habe ich geglaubt, ich könne erst vertrauen, wenn die Welt gerecht ist und wenn es keine Armut mehr gibt. Dafür habe ich gekämpft. Ich weiß nicht, wie ich das nach all den Jahren finden soll, ob es vertane Zeit war oder ob es notwendig war. Auf jeden Fall fällt eine große Last von mir, denn jetzt weiß ich, worum es bei alledem geht.«

»Vertrauen in das Leben«, lautete die Sehnsucht dieses Mannes, »Mach die Welt gerecht, hilf den Schwachen, beseitige das Unrecht«, lautete der innere Auftrag, und »dann kannst du dem Leben vertrauen«, war das immanente Versprechen. Sein individueller Mythos wählte dafür die beruflichen Symbole »Jurist«, »Sozialarbeiter« und »Helfer« aus.

Berufswahl ist ein ausgezeichnetes Beispiel für das Wirken des individuellen Mythos. Hinter jeder Berufswahl steckt eine Hoffnung, eine Erwartung. Warum sonst sind Sie zum Beispiel Arzt, Politiker, Anwalt, Erfinder, Beamter, Arbeiter … geworden?

Es ist sein Unbewusstes, das die Lebensträume auswählt, indem es dem Menschen Symbole vorgibt und ihm die Kraft verleiht, diese anzustreben.

Es sagt auf seine verschlüsselte, bildhafte und träumerische Weise, was man haben und was man erreichen soll. Es kann jedoch nicht mitteilen, *wie* das geschehen soll. Das Unbewusste kann Träume entstehen lassen und muss den Menschen anschließend seinen Bildern überlassen.

Der individuelle Mythos schickt den Menschen träumend in die Welt und das Leben – dort kann er seine Träume realisieren oder darin verloren gehen.

Finden und Verloren gehen

Fassen wir kurz zusammen. Jeder Lebenstraum ist ein Symbol. In den Lebensträumen geht es primär nicht um die Dinge, von denen man träumt, sondern um das, was man sich davon verspricht, darum, was sich im Symbol zu verbergen scheint. Die neue Stereoanlage, das Kleid, die neueste Frisur, die Karriere, das Auto, das Haus, der Traummann, die Traumfrau – dies sind Symbole, Bilder für Zustände, für Erlebnisse, für Daseinszustände. Für den Sinn im Leben.

An dieser Stelle mag die Frage auftauchen: Lohnt sich dann die ganze Mühe? Wenn es gar nicht um das Symbol geht, sind äußere Ziele es dann wert, sich derart für sie einzusetzen? Kann man in der äußeren Welt überhaupt finden, was die Innenwelt begehrt? Oder wird man zwangsläufig enttäuscht sein, wenn man ein Symbol verwirklicht hat?

Diese Frage ist von großer Bedeutung. Tatsächlich wäre es möglich, auf das Symbol zu verzichten und den gesuchten Zustand unmittelbar aufzusuchen, wenn – ja, wenn Innenwelt und Außenwelt getrennt voneinander existieren würden. Dann wäre es besser, die Verwirklichung innerer Zustände direkt und unmittelbar anzustreben und äußere Ziele außer Acht zu lassen. Dann könnte jeder einfach nach innen gehen und dort glücklich werden.

Doch kann man satt sein, ohne Brot zu essen? Kann man verbunden sein, ohne einen Partner oder Freunde zu haben? Kann man sich im Gefängnis frei fühlen? Oder auf dem Sitz eines Rennwagens entspannen?

Innen und außen sind untrennbar miteinander verknüpft. Das eine existiert nur in Beziehung zum anderen. Ohne ein äußeres gibt es auch kein inneres Erleben. Jedes Erleben ist an äußere Umstände geknüpft und damit auch an Symbole. Deshalb bedeutet die Vordergründigkeit eines Symbols keinesfalls eine automatische Entwertung.

Finden

Schließlich machen viele Menschen die Erfahrung, über ein Symbol tatsächlich in den gesuchten Zustand zu gelangen. Dann macht das neue Auto in der Tat zufriedener. Im neuen Haus lebt es sich wirklich ruhiger. Die Weltreise war das erhoffte Abenteuer. Und mit dem neuen Partner funktioniert die Beziehung tatsächlich besser.

In solchen Fällen haben sich Symbol und gesuchter Zustand entsprochen, und deshalb konnte das Symbol sein Versprechen erfüllen.

Aber jeder kennt auch den entgegengesetzten Fall, der weitaus häufiger einzutreten scheint. Man kann alles Mögliche *haben*, ohne etwas Entsprechendes zu *sein*. Man kann Millionen haben und doch unsicher sein. Man kann Ruhm haben und doch einsam sein. Man kann Familie haben und doch distanziert sein. Man kann Erfolg haben und doch unerfüllt bleiben.

In diesen Fällen klafft zwischen Symbol und gesuchtem Zustand ein Abgrund, in den derjenige hineinfällt, sobald er am Ziel ist. Man bezeichnet einen solchen Absturz allgemein als Enttäuschung, Frustration oder in besonders schweren Fällen als Depression oder Sinnlosigkeit.

Das Erreichen äußerer Symbole bringt einen Menschen keinesfalls automatisch der Erfüllung seines individuellen Mythos näher. Im Gegenteil – mitten im Erreichen der schönsten Symbole kann man gewaltig verloren gehen.

Verloren gehen

Wer Erfolg auf der Ebene des gesellschaftlichen Mythos hat, wer also allgemein anerkannte Ziele erreicht, wird nicht automatisch auch froh.

Er wird nur eines ganz automatisch: ein Held der Gesellschaft. Er wird bewundert und verehrt. Zeitungen schreiben Artikel über ihn, und Film und Fernsehen wenden sich ihm zu. Das muss ein glücklicher Mensch sein! Er hat es geschafft! Er ist ein Gewinner! Er zeigt allen, wie es geht! Er befindet sich auf der Überholspur!

Solch ein Mensch hat den Traum der Gesellschaft erfüllt. Aber hat er auch seinen eigenen Traum erfüllt? Hat sein Leben die ersehnten und gesuchten Qualitäten gewonnen? Ist er nicht nur äußerlich, sondern auch innerlich reicher geworden? Hat er Erfolg in Bezug auf seine Lebensqualität?

Manche Menschen erleben herbe Enttäuschungen, wenn sie nach großen Bemühungen am Ziel ihrer Träume ankommen und dort zwar das Symbol – den Gegenstand, den Titel, den Beruf, den Reichtum oder Luxus – vorfinden, nicht aber den erwünschten Zustand, um den es auf einer tieferen, existenziellen Ebene geht.

Wenn ein Mensch zwar äußere Ziele erreicht, aber den erhofften inneren Zustand verfehlt, spreche ich davon, in Lebensträumen verloren zu gehen.

In diesem Zusammenhang ist die Tatsache interessant, dass sich Stars des Film- und Kulturlebens etwa viermal häufiger das Leben nehmen als andere Menschen. So heftig kann die Enttäuschung sein, am Ziel angekommen und es dennoch verfehlt zu haben. Man muss nicht an Marilyn Monroe erinnern, um zu ahnen, dass Ruhm und Geld zweifelhafte Ziele sein können.

Es scheint, als ob die Helden des gesellschaftlichen Mythos, jene Menschen also, die in besonderem Maße an ihn glauben, auch besonders oft und entsprechend heftig in ihm verloren gehen. Hier ist die Diskrepanz zwischen Außenwelt und Innenwelt besonders groß und dementsprechend auch die Gefahr, vom Symbol besessen zu sein.

Besessenheit

Manchmal üben Symbole eine geradezu zwanghafte Anziehungskraft aus, gleich, ob es sich um Güter oder Gegenstände, um Ideen oder Titel, um Geld oder um immaterielle Werte wie Ehe, Kinder oder Familie handelt.

Dann beherrscht das Symbol den Menschen. Er denkt an nichts anderes und findet keine Ruhe, bis er das Objekt der Begierde in den Händen hält. Er fühlt sich regelrecht gezwungen; und tatsächlich steht er unter Zwang. Er glaubt, nur glücklich sein zu können, wenn er jetzt gleich und sofort oder so schnell wie möglich ans Ziel seiner Träume gelangt.

Wer von einem Symbol besessen ist, kann es nicht in Frage stellen. Er fühlt sich gezwungen, das Symbol zu ergreifen.

Im Zustand der Besessenheit wird aus innerer Not gehandelt. Deshalb ist die Chance, verloren zu gehen, dann auch besonders groß.

Solche Besessenheit ist häufig anzutreffen, sie ist beinah alltäglich. Ich erinnere mich an eine Frau, die seit langer Zeit von einem Kind und dem dazugehörigen Lebenspartner träumte. Da sie fast vierzig war, geriet sie unter zunehmenden Druck. Ihre Sehnsucht drängte sie schließlich, mit einem Mann ein Kind zu zeugen, der ihren Traum nicht teilte. Als das Kind einige Monate alt war, wurden Frau und Kind verlassen.

Ein weiteres Beispiel für Besessenheit ist ein Mann, der sich verliebte. Obwohl er seine Freundin erst eine Woche kannte, kaufte er zwei Ringe, in die er beider Namen eingravieren ließ. Er war von der Idee »Partnerschaft« besessen und heiratete die Frau vom Fleck weg. Nach einem Jahr Ehe konnte er den Ring vom Finger streifen. Die Frau war für ihn hauptsächlich ein Symbol gewesen. Er wollte sie haben. Als er sie näher kennen lernte, ging die Beziehung auseinander.

Ein anderes alltägliches Beispiel für Besessenheit ist eine Frau, die unter einem Tennisarm litt und fünf Operationen über sich ergehen ließ, um wieder spielen zu können. Sie wollte Klubmeisterin werden und verhielt sich und fühlte so, als hinge ihr Leben davon ab.

Es liegt auf der Hand, dass Menschen in Situationen der Besessenheit Dummheiten begehen.

Sie nehmen wahllos Kredite auf. Sie schließen Kaufverträge für viel zu teure Dinge ab. Sie heiraten vom Fleck weg einen Partner. Sie vertrauen einem Wunderheiler. Sie setzen ihr ganzes Vermögen auf eine Aktie.

Denken wir nur an tausende Familien, die unter dem Druck des Symbols »Eigenheim« blind werden. Sie überschätzen ihre finanziellen Möglichkeiten und rechnen sich ein Haus schön. Schließlich müssen sie ihr Haus der Bank übergeben und stehen am Ende mit Schulden da. Sie sind im Lebenstraum »verloren gegangen«. Oder denken wir an das Immobilienimperium des Herrn Schneider, dessen Lebenstraum von Ruhm und Ehre mit einer 2,9-Milliarden-Euro-Pleite endete.

Im Zustand der Besessenheit hat der Mensch nicht Symbole, sondern die Symbole haben ihn. Dies passiert besonders Menschen, welche die Botschaften des individuellen Mythos nicht verstehen oder die gar nicht an den Quellen ihrer Sehnsüchte interessiert sind.

Je weniger jemand sein kann, was er sucht, desto dringlicher will er haben, was scheinbar Glück verspricht.

In einer Talkshow wurde kürzlich ein erfolgreicher und ziemlich hektischer Geschäftsmann gefragt, was er denn mit seinem vielen Geld machen wolle. Er antwortete: »Ich glaube, dass man sich im Leben vieles kaufen kann. Und letzten Endes will ich mir Muße kaufen.«

Immerhin hat der Mann ein gewisses Gespür für seinen individuellen Mythos. Er nennt ihn »Muße«. Aber wie kann man Muße kaufen? In Kilogramm? Und wo? Im Kaufhaus? Per Internet? *Man kann Muße entwickeln.* Ein Schäfer mag sie haben oder ein Fischer, ein Stadtstreicher oder auch ein Millionär. Aber kaufen kann man sie mit Sicherheit nicht, und die Vermutung liegt nahe, dass der Mann Gefahr lief, seinen Mythos zu verfehlen und in seinem Lebenstraum verloren zu gehen.

Geld, Macht, Erfolg, aber auch Ehe, Familie oder ein bestimmter Beruf – diese und alle anderen Symbole bringen keinesfalls automatisch ans Ziel.

- *Wenn du Reichtum hast, wirst du sicher sein.*
  Haben Sie schon einmal einen reichen Menschen getroffen, der sicher war? Viele Reiche leben in Angst. Vor der Inflation, vor der Steuer, vor dem Börsencrash, vor Einbrechern, vor Erpressern oder den Forderungen des Ehepartners, falls dieser sich scheiden lässt. Immer vor dem Verlust des Symbols Geld.

- *Wenn du Macht hast, wirst du geachtet werden.*
  Doch alle Mächtigen befinden sich ständig im Kampf und werden angefeindet. Sie müssen ihre Macht behaupten, und

wenn ihre Wachsamkeit einmal nachlässt, werden sie »abgeschossen«. Sie leben ständig unter der Bedrohung, ihr Symbol Macht zu verlieren.

- *Wenn du Erfolg hast, wirst du etwas wert sein.*
  Wenn aber der Tennisarm nicht mehr mitspielt, geht auch die Anerkennung verloren und zugleich damit der Selbstwert. Dann hast du »abgebaut« und wirst vergessen. Wer kennt nicht Künstler oder Sportler, die bloß in der Erinnerung an ihren Ruhm leben, weil ihr Selbstwert an Erfolg und Beifall gekettet war. Sie leben in einem Traum, der Vergangenheit heißt.

- *Wenn du Familie/Partner hast, wirst du glücklich sein.*
  Doch wie ernüchternd sind mitunter die Erfahrungen, die Menschen in Familien und Partnerschaften machen. Die Ehe sollte die Liebe doch für immer bewahren. Und die Familie sollte doch ein inneres Zuhause sein.

- *Wenn du dich anpasst, wird dein Arbeitsplatz sicher sein. Die Firma wird deine Treue belohnen.*
  Doch die Arbeitslosigkeit zerstört den Traum vom Versorgtsein und von der lebenslangen Sicherheit.

- *Wenn du erst mal Tänzerin bist, wird dein Stern aufgehen, und die Menschen werden dich lieben.*
  Leider hält der Regisseur jemand anderen für geeigneter, die große Karriere bleibt aus, oder der Stern geht eines Tages unter und mit ihm auch Glück und Zufriedenheit.

In diesem Zusammenhang denke ich an einen jungen Inder, der seine wenigen Besitztümer verkaufte, um nach Deutschland zu kommen. Er heiratete, fand Arbeit und wurde schließlich Deutscher. Heute sitzt er in einer deutschen Großstadt in einer Zweizimmerwohnung und ist unglücklicher, als er es in Indien jemals war. Er war von den Symbolen der westlichen Welt fasziniert und ging darin verloren.

Es gehört zur Tragik des modernen Lebens, dass Menschen unendlich viel haben und besitzen, ihre Lebensqualität damit jedoch nicht zunimmt.

Die Welt der Symbole kann sich als Scheinwelt offenbaren, und die Gefahr, sich im Äußeren zu verirren, ist stets gegeben. Vor allem, wenn man blind auf gesellschaftliche Mythen fixiert ist, kann man den individuellen Mythos verfehlen.

Verloren zu gehen bedeutet, an der eigenen Wahrheit vorbeigelaufen zu sein und etwas geglaubt und getan zu haben, nur weil andere es glauben und tun.

Wer etwas nur deshalb tut, *was* alle tun und *weil* alle es tun, verfehlt seinen individuellen Mythos mit Sicherheit. Denn gerade weil jeder Mensch einen ganz bestimmten inneren Zustand sucht, kann der gesellschaftliche Mythos vom Individuum nicht einfach übernommen werden.

So erleben Menschen das Leben in einem Zwiespalt. Einerseits sind sie auf Symbole angewiesen, andererseits sollten sie ihnen nicht blindlings vertrauen. Wie also kann man es vermeiden, darin verloren zu gehen? Bevor ich mich diesem Thema widme, sollten Lebensträume noch eingehender erläutert sein.

Der Kern von Lebensträumen

Fassen wir das Bisherige zusammen: Die Lebenspläne eines Menschen beinhalten im Wesentlichen zwei Elemente. Zum einen äußere Symbole, die sich auf *Haben* beziehen, zum anderen innere Sehnsüchte, die auf bestimmte Daseinszustände abzielen, auf das *Sein*.

Haben und Sein sind nicht identisch, hängen aber zusammen. Man könnte sagen, die Symbole des *Habens* verhalten sich zum gesuchten Zustand des *Seins* wie Elektronen zum Kern eines Atoms. Sie umlagern den Kern und verdecken die Sicht auf ihn. Und gleichzeitig weisen sie durch ihre Konzentration an einer bestimmten Stelle auf die Anwesenheit des Kerns hin.

Der Weg zum Kern eines Lebenstraumes führt daher über die Symbole. Das, was der Mensch sucht und was er sein will, verbirgt sich in dem, was er haben will.

Will man zum Wesen von Lebensträumen gelangen, gilt es, den Ring der Elektronen zu durchdringen. Daher sollte man Informationen darüber sammeln, worum es auf der Ebene individueller Verwirklichung eigentlich geht. Wie dies möglich ist, möchte ich anhand einiger verkürzt dargestellter Beispiele zeigen.

Das erste Beispiel bezieht sich auf eine Frau, deren Ziel es ist, ein großes Tagungshotel zu eröffnen, und die sich Gewissheit über ihre Motive verschaffen möchte. Ich forderte sie auf, sich an das Ziel ihrer Träume zu begeben und so zu tun, als ob sie ein solches Hotel bereits hätte.

»Was ist denn, wenn Sie so ein Tagungshaus haben?«

*»Dann kommen die verschiedensten Leute hierher. Ich unter-
halte mich mit ihnen und treffe auf viele Anregungen. Ich komme
mit Dingen und Menschen in Kontakt, von denen ich bisher nichts
wusste. Ich führe ein aufregendes und spannendes Leben und verdie-
ne sogar mein Geld damit.«*

Die Frau spricht mit offensichtlicher Begeisterung von ihren
Plänen, und es wird deutlicher, worum es bei ihrem Tagungs-
haustraum geht: um ein spannendes Leben, um Lebendigkeit,
um den Kontakt zu Menschen, um Abwechslung, um Anre-
gung, um das Kennenlernen anderer Meinungen, um Nähe und
um Spaß an der Arbeit.

Den Kern dieses Traumes kann man »Verbundenheit/Leben-
digkeit« nennen.

Ein etwa dreißigjähriger Mann plant seit Jahren, einen Flugschein zu machen. Obwohl dies seine finanziellen Mittel über-
steigt, lässt ihn der Traum vom Fliegen nicht los. Schließlich will
er mehr über die Sache erfahren. Ich fordere ihn also auf, sich in
den Traum zu begeben. Was erlebte der Mann dort?

*»Ich steige in mein Flugzeug, schließe die Tür und lasse alles an-
dere außen vor. Ich hebe in die Luft ab, und dort steht mir alles
offen. Um mich herum ist Platz. Ich fühle mich frei und wild. Ich
mache einfach, wonach mir ist, und niemand kann mich daran
hindern.«*

Als der Mann diese Worte ausspricht, leuchten seine Augen, und
es liegt tatsächlich etwas Verwegenes und Ungezähmtes darin.
Der Kern seines Traumes könnte den Namen »Freiheit/Unabhän-
gigkeit« tragen.

Eine sehr aktive und zielbewusste Frau will Karriere in ihrem Unternehmen machen. Sie arbeitet konsequent und hart an diesem Ziel. Aber obwohl sie die Leiter allmählich erklimmt und in die Geschäftsführung eines großen Unternehmens gelangt, bleibt sie doch unzufrieden. Ihr dämmerte allmählich, »dass es das allein nicht sein kann. Es muss um etwas anderes gehen«. Also begeben wir uns in ihren Traum.

»Was ist denn, wenn Sie die höchste Position im Unternehmen innehaben?«

»Dann treffe ich alle Entscheidungen selbst und brauche diese nur vor mir zu rechtfertigen.«

An diese Worte schließen sich einige Minuten des Schweigens an. Dann wird der Frau klar, dass ihr größter Wunsch darin besteht, sich selbständig zu machen. Sie hatte schon mehrmals an diese Möglichkeit gedacht, aber bisher nicht den Mut zu diesem Schritt gefunden.

»Wenn ich ehrlich bin, fühle ich mich in diesen großen Unternehmen nicht wohl und werde es wohl auch nie tun. Vielleicht ist die Selbständigkeit für mich doch wichtiger, als ich dachte.«

Der Kern ihres Traumes könnte mit »Unabhängigkeit« bezeichnet werden.

Jeder Traum enthält einen Kern, auch wenn dieser nicht ohne weiteres offen liegt. Es ist die Mühe wert, ihn zu entschlüsseln, denn der individuelle Mythos wird nicht lockerlassen, bis er deutlich ist und seine Botschaft verstanden oder umgesetzt wurde.

Wenn man beispielsweise ein bestimmtes Symbol aus Gründen der Vernunft aus seiner Lebensplanung ausschließt, wird der Kern des Lebenstraumes dadurch nicht inaktiviert. Man verscheucht möglicherweise ein paar Elektronen, aber andere nehmen deren Platz ein. Der individuelle Mythos wird einen neuen Traum entstehen lassen; wobei die Gefahr der Besessenheit wächst.

Wird die Idee vom Flugschein gestrichen, wird der Mann kurze Zeit später vom Surfen träumen. Dann hat das Symbol gewechselt, aber das Wesen des Lebenstraumes ist unberührt geblieben. An der Sehnsucht nach einem erweiterten Leben, nach einem erweiterten Daseinszustand, in diesem Fall nach Unabhängigkeit, hat sich nichts geändert, und deshalb wird unbewusst an einer neuen Faszination gestrickt.

Wahrscheinlich ist an dieser Stelle bereits deutlich, was im Kern der Lebensträume geschieht.

Im Zentrum seiner Träume verwandelt sich der Mensch in einen anderen Menschen. Er gewinnt eine neue Identität, und damit verwandelt sich sein Leben in ein anderes Leben.

Im Zukunftstraum ist man jemand anderes. Jemand, der ein anderes Lebensgefühl entwickelt hat und der andere Dinge erlebt.

So verwandelt sich im Traum vom Tagungshaus eine zurückhaltende Frau in eine aufgeschlossene und unternehmungslustige Person. Der Traum vom Fliegen macht aus dem angepassten jungen Mann eine freie und unabhängige Person. Und die angestellte Führungskraft verwandelt sich in eine selbständige Arbeitgeberin.

Im Kern seiner Lebensträume wächst der Mensch über die Begrenzungen seines jetzigen Lebens hinaus.

Darin, seine Begrenzungen zu überwinden und sein Potenzial zu entwickeln, liegt der Sinn des Lebens. Und genau auf diesen Sinn weisen die Lebensträume der Menschen hin.

Die Kunst der Lebensgestaltung besteht nun darin, seine Lebensträume zur Verwirklichung des individuellen Mythos zu nutzen, und nicht darin, verkrampft auf das Haben zu schielen. Es geht darum, das ersehnte Sein zu realisieren.

Kapitel 2: Lebensgestaltung

In diesem Kapitel beschreibe ich, wie Lebensträume ihre Bedeutung preisgeben, worum es bei der Zukunft wirklich geht, was unter Heldentaten zu verstehen ist und wie Neues im Leben möglich wird.

Den individuellen Mythos offenbaren

Der individuelle Mythos schreibt das Drehbuch menschlicher Wünsche, schmiedet Lebensträume und erfindet Ziele. Man denkt sich tausend vernünftige Gründe aus, warum man gerade diesen Gegenstand, dieses Auto, dieses Sammlerstück, dieses Segelboot, diesen Beruf, dieses Grundstück, diesen Mann oder diese Frau … haben muss, aber es steht immer die Suche nach Verwirklichung des individuellen Mythos dahinter.

Daher ist es hilfreich, den individuellen Mythos zu offenbaren. Dies geschieht durch bewusstes Träumen. Bewusst träumen bedeutet, die eigenen Pläne und Fantasien im Bewusstsein zu entfalten.

Sich ans Traumziel begeben

Wer seinen Lebenstraum in die Gegenwart verlagert, indem er so tut, als sei der Traum bereits Wirklichkeit geworden, und wer die Nuancen und Details dieser Vorstellung entdeckt, der entfaltet seine Träume. Er blättert sie vor sich auf und erforscht die Welt, die ihm sein Unbewusstes zeigen will.

Lassen Sie mich die Offenbarung des individuellen Mythos am Beispiel eines vierzigjährigen Mannnes erläutern. Er plant nach Australien auszuwandern. Allerdings trifft dieses Vorhaben auf energischen Widerstand seiner Frau. Der Mann entschließt sich in der Hoffnung, mehr Klarheit zu erlangen, seinen Traum näher zu erforschen.

»Stellen Sie sich vor, in Australien zu sein. Was geschieht dort?«

»Mein erster Gedanke ist: Ich fange ganz von vorne an. Hier kennt mich niemand, und ich muss keine Rücksicht nehmen. Es gibt keine Freunde, keine Verwandten, keine Verpflichtungen. Ich kann frei entscheiden, was ich tun oder lassen will.«

»Wie leben Sie dort? Erzählen Sie von Ihrem Alltag.«

»Ich lebe relativ nah an einer Stadt, aber außerhalb, auf einer Farm. Um mich herum ist Platz. Ich besitze mein eigenes Land. Das Haus hat nur ein Erdgeschoss und ist offen gebaut. Man kann leicht rein- und rausgehen. Das Meer ist nicht weit entfernt. Das Auto steht im Hof und ist die meiste Zeit dreckig.«

»Was empfinden Sie, wenn alles so ist? Wie fühlen Sie sich damit?«

»Frei, unabhängig, ursprünglich, ungebunden. Stärker. Irgendwie mehr Mann.«

»Wie verhalten Sie sich in Konflikten?«

»Konsequent. Mein Ding ist mein Ding, da gibt es nichts zu rütteln dran. Jeder ist, wie er ist, und macht, was er macht. Das ist hier so, und die Leute respektieren das.«

Einen Traum bewusst zu träumen erfordert es, sich detailliert in dessen Vorstellungswelt und Bilder hineinzubegeben und diese so lebendig wie möglich werden zu lassen. Was geschieht? Wie geschieht es? Was erlebe ich dabei? Was mache ich? Wie mache ich es? Was ist Wirklichkeit geworden?

Träumen ist ein ganz alltäglicher Vorgang. Man träumt nachts oder gleitet unbemerkt in Tagträume ab. Für die meisten Menschen ist bewusstes Träumen jedoch etwas Neues. Wenn sie es tun, halten sie ihre Fantasien für unrealistisch oder vermessen und brechen den Traum ab. Sie wagen es nicht, so ungeniert zu sein, wie ihre Träume es sind. Dann bleibt das tiefere Ziel unerkannt. Bewusstes Träumen kann aber trainiert werden und sich zu einer wertvollen und aufschlussreichen Gewohnheit entwickeln.

Den Zieltraum benennen

Ich fordere den Mann nun auf, der Traumgeschichte einen aussagekräftigen Titel zu geben, ganz so, als ob es ein Film sei, der einen Titel erhalten soll. Wie heißt der Film? Welchen Titel und/oder welchen Untertitel hat er? Welche Geschichte wird dort erzählt?

Der Mann entscheidet sich für den Titel »Ausbruch« und beschreibt die Story als »Die Geschichte, wie ein Mann seinen Weg geht und zu sich selbst findet«.

Einen Lebenstraum zu benennen hilft, ihn zu begreifen. Denn Mythen sind Geschichten, und im individuellen Mythos schreibt man träumend seine eigene Geschichte, bevor man sie erlebt. Ohne Titel bleibt der Traum mehr oder weniger eine Anreihung von Ereignissen. Erst durch den Titel entsteht ein Zusammenhang, der den Zieltraum begreifen lässt.

Dem eigenen Lebenstraum einen Titel zu verleihen mag pathetisch klingen, doch in Romanen, Filmen und auf Bühnen werden solche Geschichten erzählt. Es sind Geschichten, die erzählen, wie jemand Anerkennung findet ... die Liebe erfährt ... Vertrauen in das Leben fasst ... seine Partnerschaft zum Glück führt ... er das Geheimnis seines Lebens begreift ... Gott begegnet ... Man schaut sie an, weil man gleiche Ziele und Träume hat wie die Helden der Leinwand.

Sich einen neuen Namen verleihen

Der nächste Schritt auf dem Weg zur Offenbarung des individuellen Mythos besteht darin, der am Ziel lebenden Person einen Namen zu geben. Denn in der Zukunftsgeschichte ist man nicht derselbe Mensch, der man in der Gegenwart ist. Dort ist man jemand anderes.

Der Mann aus dem obigen Beispiel beschreibt die in Australien lebende Person als »einen starken und eigenwilligen Mann, der sich durch Konsequenz auszeichnet«. Er gibt ihm den Namen »der Männliche«. Dieser Männliche ist außergewöhnlich. Er verfügt über Fähigkeiten, die ihn in der Wahrnehmung dieses Mannes zu einem besonderen Menschen machen.

Der Name der Traumfigur beschreibt also besondere Eigenschaften und Fähigkeiten der Traumgestalt. Andere Namensbeispiele wären etwa »die Unbeugsame« oder »der Aufrichtige«, »der Sanfte« oder »die Entschlossene«. Die Anzahl möglicher Namen ist nur durch die Anzahl menschlicher Fähigkeiten begrenzt.

Manchen Menschen fällt es schwer, sich einen neuen Namen zu geben, denn sie sagen: »So wie in diesem Traum bin ich nicht.« Natürlich nicht, denn wenn man bereits so wäre, bräuchte man nicht davon zu träumen.

Die Hauptperson des Traumes braucht also einen Namen. Keinesfalls darf sich der Name aus der Gegenwart des Menschen ergeben, sonst fehlt ihm die Traumbotschaft.

Auch Alltagsnamen beschreiben in ihrem Ursprung Eigenschaften oder Fähigkeiten von Personen. So bedeutet der Name Günther »Der mit dem Heere zieht«. In Naturvölkern mag ein junger Mann in Wertschätzung seiner Kraft »schnell wie ein Reh« oder »Großer Löwe« genannt werden, eine Frau in Anspielung auf ihre Klarsicht und Klugheit »Kleine Eule« oder in Anerkennung ihrer Schönheit »Morgenröte«.

In manchen Kulturen wechseln die Menschen ihre Namen, wenn sie vor einer wichtigen Aufgabe stehen oder in eine andere Lebensphase eintreten. Diese Namensänderung erleichtert den Wechsel der Identität, beispielsweise beim Übergang vom Jugendlichen zum Erwachsenen.

Der Umgang unserer westlichen Kultur mit Namen ist mittlerweile eher statisch geworden. Zwar ändern auch wir im Laufe unseres Lebens unsere Identität, aber wir behalten den gleichen Namen. Gerade deshalb ist der Name der Traumfigur so wichtig. Er verleiht dem Träumer eine erweiterte Identität.

Der gewählte Name mag ebenso wie der Titel des Traumes pathetisch klingen. Doch all die Filme, Dramen und Abenteuer der Bühne und der Leinwand finden auch im Inneren der Zuschauer statt. Millionen Menschen gingen in einen Film mit dem Titel »Der mit dem Wolf tanzt« und fanden nichts dabei. Mit genau der gleichen Selbstverständlichkeit sollte man seinen Namen der jeweils vor sich liegenden Aufgabe anpassen.

Dann könnte »Der sich konfrontieren will« eine Zeit zu großer Harmoniesuche beenden, und aus jemandem, der Zugang zu Gefühlen sucht, würde »Der Empfindsame« werden. Bei welcher Lebensaufgabe könnten beispielsweise Namen wie »Weises Herz«, »Der gerade steht« oder »Die Grenzen zieht« helfen?

Den individuellen Mythos benennen

So weit sind die äußeren Umstände der Zukunft erfahren, und der Zukunftsgestalt wurde ein neuer Namen verliehen. Jetzt geht es um die innere Welt des Träumers, in unserem Beispiel des »Männlichen«, also um den gesuchten Daseinszustand. Auch dieser braucht eine Benennung, um vollends begreifbar und einprägsam zu werden.

Der Mann aus unserem Beispiel nennt die innere Welt seiner Traumfigur eine »Welt der Unabhängigkeit«. Damit beschreibt er den gesuchten Daseinszustand. Dieses Gefühl der Unabhängigkeit zu erlangen würde den individuellen Mythos vollends verwirklichen. Unabhängigkeit ist der gesuchte Lebenszustand und somit der tiefere Sinn des Traumes vom Auswandern.

Die Traumwelt als gesuchte Lebenshaltung

Der individuelle Mythos offenbart sich so weit als Suche nach einer anderen Erlebenswelt. Nun weiß ein jeder, dass es keine andere Welt gibt. Wir leben auf diesem Planeten Erde, und der ist für alle gleich. Tatsächlich? Warum machen Menschen dann so unterschiedliche Lebenserfahrungen in einer angeblich gleichen Welt? Weil sie innerlich in ganz verschiedenen Welten leben, in verschiedenen Zuständen; und weil sie deshalb ganz verschiedene Fähigkeiten und Qualitäten entwickelt haben.

Den Zustand eines Menschen kann man auch als seine innere Atmosphäre bezeichnen. Atmosphären beeinflussen. Wenn man sich beispielsweise unter traurigen Menschen aufhält, überträgt sich deren Traurigkeit. Man fährt in Urlaub, um von der Leichtigkeit anderer Kulturen angesteckt zu werden. Auch Lachen kann ansteckend sein. Ebenso unterstützt eine kreative Atmosphäre Kreativität, und eine reizarme Umgebung macht dumpf.

Wie durch äußere Atmosphären wird man auch von inneren Atmosphären beeinflusst. Jeder kennt ein alltägliches Phänomen der inneren Atmosphäre – seine Launen. Im Zustand guter Laune nimmt man Dinge leicht, die an anderen Tagen, wenn man schlecht gelaunt ist, bedrücken oder gar niederschlagen.

Da man die innere Atmosphäre eines Menschen auch als eine Art lebenslanger Grundlaune begreifen kann, wird deutlich, wieso die Menschen so unterschiedliche Erfahrungen machen, selbst wenn sie unter vergleichbaren Bedingungen leben.

Man kann sich die innere Atmosphäre wie einen Schleier vorstellen, durch den alles Äußere erlebt wird. Ist der Schleier dunkel, weil er den Namen »Minderwertigkeit« trägt, dann erträgt man es beispielsweise nicht, kritisiert zu werden. Kritik ist dann eine negative Erfahrung. Ist der Schleier jedoch hell und trägt den Namen »Selbstbewusstsein«, kann man die gleiche Kritik annehmen und daraus lernen.

So kann der gleiche Vorgang völlig verschiedene Erfahrungen entstehen lassen. Beispielsweise kann der Verlust eines Vermögens, im Zustand der »Gelassenheit« erlebt, in einen Neuanfang führen, während das gleiche Ereignis im Zustand der »Hoffnungslosigkeit« im Selbstmord enden könnte.

Ein anderer, sehr sinnvoller Ausdruck für die innere Atmosphäre eines Menschen ist der Begriff der *Lebenshaltung.* Jeder Mensch hat im Laufe seines Lebens eine Reihe von Lebenshaltungen entwickelt; und obwohl er nicht gänzlich auf eine einzige Haltung festgelegt werden kann, hat er doch eine dominierende Grundhaltung gegenüber dem Leben und den Menschen herausgebildet. Dieser Zustand ist vertraut, man kennt ihn wie seine Westentasche. Er ist gewohnt, sicher und zugleich auf Dauer auch langweilig und einschränkend.

Gerade diese langweilige und einengende Sicherheit ist ja der Grund, warum Menschen durch den individuellen Mythos von anderen, ihnen bisher verwehrten Zuständen träumen.

Somit offenbaren sich der individuelle Mythos und der von ihm erschaffene Lebenstraum als Suche nach einer veränderten Lebenshaltung.

Es geht um eine neue Haltung, aus der heraus man der Welt und den Menschen begegnet. Denn solch eine erweiterte Haltung wird die gesamte Art, das Leben zu erfahren, verändern. Beispiele für solche gesuchten Lebenshaltungen sind Gelassenheit, Offenheit, Klarheit, Verbundenheit, Selbstbewusstsein und andere. Jede dieser Haltungen vermittelt gänzlich unterschiedliche Lebenserfahrungen.

Somit ist klar: Das Leben ist nicht einfach das Leben. Man erlebt es durch den Filter der inneren Atmosphäre. Seine Qualität wird von der jeweiligen Lebenshaltung geprägt.

Zukunft – worum es dabei geht

Weil ein Lebenstraum im Kern die Sehnsucht nach einer veränderten Lebenshaltung spiegelt, weist er auf eine andere Möglichkeit zu leben hin – in der gleichen äußeren Welt.

In der gleichen äußeren Welt? Dies widerspricht scheinbar den Absichten des Lebenstraumes, denn er meint: Erst wenn … dann … Doch ist das so? Spielt der Lebenstraum wirklich in der Zukunft? Um diese Frage zu beantworten, möchte ich mich etwas intensiver mit Zukunft, Gegenwart und der Bedeutung von Träumen befassen.

Normalerweise glaubt ein Mensch, Lebensträume wären vorweggenommene Zukunft, obwohl sie doch bestenfalls potenzielle Zukunft sind. Er richtet sein Augenmerk gebannt auf die schönen Zukunftsbilder und kommt gar nicht auf die Idee zu fragen, warum er *gerade jetzt das und nichts anderes* erträumt. Warum tauchen diese Bilder zu genau diesem Zeitpunkt auf?

Weil Menschen von etwas träumen, das in ihrer Gegenwart fehlt und von dem sie spüren, dass sie es brauchen!

So hat ein Lebenstraum weniger mit der Zukunft, aber viel mit der Gegenwart des Träumers zu tun. Ein Traum sagt auf positive Weise aus, was dem Menschen jetzt nicht gefällt, was er jetzt vermisst. In einem Seminar sagte eine Frau an einem Donnerstag: »Sonntag werde ich ausschlafen.« Natürlich war sie jetzt, am Donnerstag, müde. Der Traum hatte mit Sonntag nichts zu tun.

Traum und Gegenwart hängen also enger zusammen als Traum und Zukunft. Schließlich träumt man den Traum jetzt und nicht morgen.

Ein Lebenstraum entsteht aus dem Kontext einer konkreten Gegenwart, und nur in diesem Zusammenhang hat und behält er seine wahre Bedeutung. Wer dies nicht beachtet, kann sich leicht oder schwer vertun.

Stellen Sie sich vor, es ist November und Sie befinden sich in einer Phase berufsbedingter Belastung. Da diese Anstrengung schon längere Zeit anhält, entwickeln Sie die Vorstellung eines entspannten Urlaubs auf einer einsamen Insel. Sie entwickeln einen Zukunftstraum. Eine Insel, kein Mensch in der Nähe, nur Sonne und Strand und Ruhe, Ruhe, Ruhe. Das ist Ihr Traumziel und damit ein Symbol für den gesuchten Zustand der Entspannung. Sie wollen »Der Entspannte« werden, weil Sie »Der Angespannte« sind. Also vertrauen Sie ihren Träumen und fassen einen Plan. Zwar keinen Lebensplan, aber einen Urlaubsplan.

Sie gehen in ein Reisebüro und buchen zum nächstmöglichen Termin, zu dem Sie Urlaub erhalten und zu dem eine Reise angeboten wird. Das ist in der Zukunft und liegt bei Ostern. Gegen Januar aber nimmt die berufliche Belastung ab, und im Februar gibt es kaum noch etwas zu tun. Im März fühlen Sie sich bereits derart unterfordert, dass Ihnen vor Ostern und der Insel graut. Aber da Sie gebucht und eine Menge Geld investiert haben, bleiben Sie dem Ausgangssymbol treu, auch wenn Sie mittlerweile Lust auf Aktivität und menschliche Kontakte entwickelt haben und lieber in Skiurlaub fahren würden.

Ostern kommt unweigerlich, und Sie sitzen auf Ihrer Trauminsel. Aber Sie sind nicht »Der Entspannte«, sondern »Der Angespannte«, denn jetzt träumen Sie von Ski und Disko und von Aktion. (Planen Sie jetzt auf keinen Fall den nächsten Winterurlaub!)

So also kann die reale Zukunft um Ostern, das Glück am Ziel der Träume aussehen. Das Ausgangssymbol »einsame Insel« hat mit dieser realen Zukunft nichts gemein, aber alles mit Ihrer Gegenwart im Herbst, in der Sie den Traum entwickeln. Im November machte es Sinn, von der Insel zu träumen, Ostern jedoch ist der Traum wertlos. Geld und Zeit sind vertan, und Sie sind in Ihrem Traum »verloren gegangen«.

In dem hier geschilderten Fall macht das nicht viel. Der verpatzte Urlaub wird in der Abteilung »dumm gelaufen« verbucht. Wenn es sich aber um echte Lebensziele handelt, können Sie Misserfolge nicht einfach wegbuchen. Möglicherweise bleibt dann nur die Feststellung, viele Jahre in eine Zukunft und ein Symbol investiert zu haben, die es nicht wert waren. Weil es nicht um die Zukunft ging, sondern um die Gegenwart.

Was also ist Zukunft? Eine Fantasie, die zeigt, was *jetzt* geschehen sollte. Träume zeigen die Mängel der Gegenwart. Darauf sollte man achten und sich nicht blind auf die Zukunft verlassen.

Sich auf die Zukunft zu verlassen würde im Beispiel Australien heißen, mit der Hoffnung auf Freiheit auszuwandern, um dann eines Tages festzustellen, dass sich die Schwiegereltern auf der schönen Farm einquartiert haben. Weil niemand »Männliches« da ist, der »Nein« oder »Halt« sagen kann! Weil der gleiche schwache Mann nach Australien auswandert, der auch in Deutschland schwach und nachgiebig ist! Weil der gesuchte Zustand »Unabhängigkeit« nicht erreicht wird und weil dieser Zustand mit Australien nichts, aber auch gar nichts zu tun hat.

Lebensträume zu verwirklichen heißt daher, sie so weit als möglich auf die Gegenwart anzuwenden; und das jetzt und nicht später, »wenn ich mal Zeit habe«. »Lebe deine Träume« meint: »Lebe sie jetzt!«

Lebensziele wählen

Nachdem der individuelle Mythos und seine Bedeutung für die Gegenwart erkannt ist, wartet er auf seine Umsetzung. Bislang befindet er sich auf einer Ebene reiner Vorstellung und Fantasie. Der Lebenstraum braucht einen Weg zur Realität, wenn er nicht Traum bleiben soll.

Da ein großer Teil der Lösung in der eigenen Lebenshaltung, in der eigenen Art zu denken, zu fühlen und zu handeln liegt, warum sollte man dann auf eine ungewisse Zukunft warten? Da wäre es klüger, die Zukunft zur Gegenwart werden zu lassen!

So wie der Träumer in die Zukunft reiste, um seinen Traum zu verstehen, so lässt man dazu die Gestalt aus der Zukunft in die Gegenwart reisen.

Was geschieht beispielsweise, wenn man die Zukunftsgestalt aus dem Australien-Beispiel in den Alltag des Mannes versetzt? Was wird »Der Männliche« tun, wenn er von Australien nach Deutschland kommt? Schauen wir zu:

»Stellen Sie sich vor, der Männliche zu sein. Welche Ziele haben Sie? Was machen Sie dann?«

»Als ›Der Männliche‹ räume ich mein Leben auf. Mein Ziel lautet: Platz schaffen und aus dem Weg räumen, was mir auf die Nerven geht. Dazu gehört auch der Umbau meines Hauses.«

Nun sind zwei konkrete Ziele aufgetaucht, Ziele, die sich auf den gegenwärtigen Alltag beziehen. Sie lauten »mein Haus umbauen« und »wegräumen, was mir auf die Nerven geht«. Was bedeutet dies genau?

»Gehen Sie als ›Der Männliche‹ in Ihren Alltag. Wie verhalten Sie sich im Gegensatz zu Ihrer normalen Identität?«

»Ich bin unberechenbarer. Ich mache mein Ding und schere mich nicht um die Meinung anderer.«

»Was beispielsweise machen Sie anders? Suchen Sie als ›Der Männliche‹ eine konkrete Situation auf.«

»Es geht um die Frage, ob die Eltern meiner Frau zu uns ins Haus ziehen. Wenn ja, dann steht fest, dass wir sie pflegen sollen und dafür später ihr Vermögen erben. Als ›Der Männliche‹ ist mir das gleich. Ich habe mit den Leuten nichts zu tun und bin auch auf das Erbe nicht angewiesen. Sie sollen ihr Geld nehmen und in ein schönes Altenheim gehen. Ich sage klar ›Nein‹ und lasse mich auch nicht überreden. Ich brauche mein Haus für mich und will es nach meinen Vorstellungen nutzen.«

Nun hat der Mann ein Ziel gefunden, das ganz erheblich vom Ausgangsziel »Auswandern« abweicht. Auswandern erscheint dagegen als oberflächliches Ziel. Sich zu behaupten, sich auch nicht vom in Aussicht gestellten Erbe davon abbringen zu lassen, das ist ein viel bedeutenderes Lebensziel dieses Mannes. Dazu wählt der Mann das konkrete Ziel »Umbau meines Hauses«.

Wahlsymbole

Natürlich ist auch dieses Ziel ein Symbol für einen gesuchten Zustand, aber es ist bewusster gewählt. Es ist ein Wahlsymbol.

Ich bezeichne Symbole als Wahlsymbole, wenn sie aus der intensiven Beschäftigung mit dem individuellen Mythos entstanden sind. Diese gewählten Symbole konkretisieren das vage Ausgangssymbol. Bei Zielen ist es wichtig, Ausgangssymbole und Wahlsymbole zu unterscheiden.

Ein Ausgangssymbol hat den Träumer ausgesucht und sich an ihn geheftet. Das Wahlsymbol dagegen hat der Träumer ausgesucht und es ergriffen.

Der »Trick«, zu einem konkreten und auf den individuellen Mythos bezogenen Lebensziel zu kommen, besteht darin, nicht das normale Ich, sondern die Person aus der Zukunft die Wahl treffen zu lassen.

Bewusste Symbolwahl bringt neue und konkretisierte Ziele hervor, denn das Ausgangssymbol hat einen inneren Verarbeitungsprozess durchlaufen und sich dabei dem individuellen Mythos angenähert. Wer auf ein derart gewähltes Ziel zugeht, tut nicht mehr irgendetwas, sondern etwas ganz Bestimmtes, das sich in größtmöglicher Übereinstimmung mit dem individuellen Mythos befindet. Er ist nicht länger von unbewussten Zielen ferngesteuert.

Damit ist die Macht der Ausgangssymbole relativiert. Man fixiert ein Ziel und schmiedet einen Plan, der dem individuellen Mythos näher ist als das Symbol des gesellschaftlichen Mythos, das sich ohne eigenes Zutun an Sehnsüchte heftete.

Damit wird endgültig klar, dass der gesuchte Lebenszustand eines Menschen nicht an bestimmte Gegenstände oder Symbole gebunden ist.

Vieles kann den gesuchten Zustand erzeugen, nicht nur eines. Es gibt nie nur eine, es gibt immer eine Reihe von Möglichkeiten, und es gibt sie schon jetzt. Man braucht nicht auf eine ungewisse Zukunft zu warten, etwa auf die erste Million, das Haus, die Karriere, diesen tollen Mann, jene tolle Frau ...

Viele Wege führen nach Rom. Ebenso führen viele Wege zum ersehnten Lebenszustand. Um Ruhe und Entspanntheit in sein Leben zu holen, muss man nicht unbedingt ans Ende der Welt flüchten. Um Anerkennung zu finden, braucht man nicht unbedingt viel Geld zu verdienen oder Rekorde zu brechen. Um Liebe zu finden, muss man weder jung noch schön noch schlank bleiben.

Es gibt viele Möglichkeiten, und es gibt sie bereits jetzt. Man kann also gleich anfangen, sein Leben entsprechend eigener Lebensträume zu gestalten.

Heldentaten

Look for the hero inside yourself
until you find the key to your life
Ein Popsong

Man bekommt eine Zukunft, welche diesen Namen verdient, nicht geschenkt. Man muss sie suchen und gestalten, indem man seine Lebensträume umsetzt.

Allerdings steht dieser Lebensgestaltung keinesfalls die freie Auswahl an Möglichkeiten zur Verfügung, wie oft behauptet wird. Der Mensch ist an seinen individuellen Mythos gebunden. Er hat nur die Wahl, diesen zu erfüllen oder unerfüllt zu lassen.

Kein Mensch kann sich aussuchen, was ihn glücklich machen wird. Er kann es lediglich in seinen Lebensträumen entdecken.

Indem jemand seine Zukunft träumt, indem er sich einen Namen gibt und ein Symbol wählt, ist sein vordringliches Lebensziel deutlicher geworden. Er weiß nun recht genau, was er will. Doch ist das genug?

Viele Menschen wissen, was sie tun sollten, tun es aber nicht. Ihr Problem besteht darin, dass niemand da ist, der es tun könnte. Jemand müsste den Ratschlag befolgen. Jemand müsste den Mut haben, den Rahmen des Gewohnten zu verlassen und zu handeln. Aber so jemand ist nicht da. Was immer die notwendige Tat ist – das normale Ich des Menschen wird sie nicht vollbringen. Sonst bräuchte es ja nicht davon zu träumen.

Es stellt sich hier die wesentliche Frage: »Wer tut es?«, und die Antwort lautet: »Die Gestalt aus der Zukunft wird es tun, oder niemand wird es tun!« »Der Mann, der aus dem Herzen lebt«, könnte es tun oder »Die Frau, die Wahrheit sucht«, »Der tanzende Büffel« oder »Der Fühlende«. Solche Helden können es tun.

Sich in der Gegenwart entsprechend seines Zukunftstraumes zu verhalten macht den Menschen zum Helden – zum Helden seines eigenen Lebens.

Helden sind Verwirklicher. Auf gesellschaftlicher Ebene verwirklichen sie die Träume der Gemeinschaft. Sie führen Kriege, um andere Länder zu erobern, oder verteidigen das eigene Land, sie retten andere Menschen, sie schaffen Wohlstand, sie dienen der Forschung.

Auf persönlicher Ebene verwirklichen sie die Individualität des Menschen. Das ist weitaus mehr, als die Rolle des gesellschaftlichen Helden hergeben kann, denn ihr fehlt die Seele des Individuums.

Held seines Lebens zu sein macht das Leben zu einem Abenteuer. Man reagiert dann nicht länger auf vorgegebene Ziele, sondern agiert und schafft eigene Ziele. Man wartet nicht auf die Zukunft, sondern verändert die Gegenwart. Man ist bereit, sein Leben zu gestalten. Man nimmt sein Leben so weit als möglich in die Hand.

Wie erfüllt ein Held seine Aufgabe? Indem er sich ins Leben stürzt, Neues versucht, Erfahrungen macht, Siege und Niederlagen erlebt. Indem er den Alltag als seine Herausforderung annimmt, statt in Träumen von äußeren »Zufällen« verloren zu gehen.

Will ein Mensch seinen individuellen Mythos verwirklichen, muss er den gleichen Weg gehen, den Helden aller Zeiten und Länder gegangen sind. Dieser Weg ist in den Mythen der Menschheit genaustens beschrieben. Helden brauchen dazu: einen Auftrag, den Glauben an sich selbst, Herausforderungen und schließlich eine Belohnung.

Der Auftrag ist definiert. Befassen wir uns also mit den übrigen Erfordernissen.

An sich und seine Ziele glauben

Der Held bricht auf. Er hat einen Auftrag. Seine Mission lautet: »Gestalte dein Leben entsprechend deines Traumes!« Auf seiner Fahne stehen Losungen wie »Verbundenheit«, »Gerechtigkeit«, »Unabhängigkeit«, »Selbstbewusstheit«, »Ehrlichkeit« oder ähnliche geschrieben.

Was immer diese Worte für den Einzelnen bedeuten, es handelt sich in jedem Fall um etwas Neues, das es im Leben des Betreffenden so noch nicht gibt. Also muss er das Leben oder Teilbereiche davon erfinden. Was macht ein Erfinder? Er lässt Visionen entstehen. Und dann setzt er diese Vorstellungen um.

Stellen wir uns vor, jemand erfindet ein Gerät zum Pressen von Kirschsaft. Da er immer schon Kirschsaft mochte, stört es ihn, jede Kirsche einzeln zu entkernen und das Fruchtfleisch durch ein Tuch oder Sieb zu pressen. Die Prozedur ist umständlich und deshalb ärgerlich. Aus dem Druck des Ärgergefühles entsteht ein Traum – eine erste Vorstellung von der Kirschsaftpresse. Mit dieser Vision vor Augen beginnt der Erfinder, nach Elementen zu suchen, die andere Arten des Saftpressens möglich machen. Er entwickelt Gedanken und konkrete Ideen. Und schließlich macht er sich auf den Weg der Umsetzung seiner Fantasie. Er probiert aus, verändert, verwirft, konstruiert, bleibt trotz einiger Rückschläge seiner Idee treu und erreicht schließlich sein Ziel. Nun steht die Saftpresse da. Wo war sie vorher? In den Träumen des Erfinders! In der Welt der Fantasie!

Der Flug zum Mond, der Personalcomputer, die Mausefalle, das Auto, Maschinen, Kriege – alle schönen und hässlichen Dinge wurden zuvor in Träumen geboren und haben einen Weg in die Realität gefunden. Was real ist, war einmal ein Traum. Das führt zu einer wesentlichen Erkenntnis:

Realität entsteht träumend – und träumend kann man sie gestalten und verändern.

Vor dem Handeln kommt die Fantasie. Man braucht eine Vorstellung, um sein Handeln auszurichten. Das Wort Vorstellung ist sehr präzise, denn man muss etwas vor die Handlung stellen – eben einen Traum, eine Idee, eine Fantasie, einen Plan. Ohne das geht es nicht. Menschen tun buchstäblich nichts, ohne eine Vorstellung davon zu haben.

Was Menschen glauben

Was im Leben möglich ist, hängt also wesentlich von der Beschaffenheit der Vorstellungen ab. Vorstellungen beinhalten alles, was jemand über das Leben, die Menschen und sich selbst glaubt. Vorstellungen beruhen auf Glaubenssätzen und tragen Überzeugungen in sich.

Jeder Mensch hat eine ganze Reihe solcher Glaubenssätze verinnerlicht und richtet sich danach, meist allerdings, ohne es zu merken. Beispielsweise mag jemand der Überzeugung sein: »Wer es zu etwas bringen will, muss hart arbeiten.« Ist diese Aussage wahr oder nicht? Hat derjenige Recht oder Unrecht? Nun, eines steht fest: Wer so etwas glaubt, wird tatsächlich hart arbeiten. Damit hat sich sein Glaube selbst bestätigt, und er kann mit Recht sagen: »Siehst du, ich habe es ja gesagt, das Leben ist harte Arbeit.« Allerdings gibt es unzählige Menschen, die es zu etwas brachten, ohne hart zu arbeiten.

Ich erinnere mich an eine Diskussion mit einer Frau, die aufgrund ihrer Erfahrungen zutiefst überzeugt war, »dass eine Frau doch immer allein sein wird, weil Männer nicht treu sein können«. Da sie auf Treue aber großen Wert legte, wollte sie keine Beziehung mehr eingehen. Nun gibt es sicher eine ganze Reihe von Männern, für die Treue einen ebenso großen Wert hat wie für diese Frau. Leider wird sie diese Männer nicht kennen lernen, denn sie hat sich ja entschlossen, allein zu bleiben. Am Ende ihres Lebens wird sie sagen: »Ich hab es ja gesagt, so ist das Leben – man ist doch allein.«

Man sieht: Glaubenssätze sind auf Dauer gesehen immer wahr, denn sie machen sich selbst wahr. Sie wirken wie Voraussagen, nach denen man sein Verhalten richtet. Dementsprechend fallen die Resultate aus.

Wer arbeitslos ist und glaubt, »für mich gibt es keine Arbeit«, wird jeden Tag zu Hause bleiben und keine Arbeit haben. Erst wenn er eines Tages zu einer anderen Überzeugung kommt und glaubt, »es muss eine Arbeit auch für mich geben«, steht er auf und wird aktiv. Wer glaubt, man komme im Leben zu kurz, wird sich zurückhalten und dann tatsächlich zu kurz kommen. Und wer glaubt, man könne die Dinge auf sich zukommen lassen, wird entspannter leben, denn er lässt die Dinge auf sich zukommen und läuft nicht ständig hinter ihnen her.

Wer hätte noch nie mit anderen Menschen über »das Leben« diskutiert? In solchen Situationen will jeder Recht haben und ist aufgrund seiner Lebenserfahrung überzeugt zu wissen, »wie das Leben wirklich ist«. Streit oder heiße Diskussionen sind dann vorprogrammiert. Tatsächlich aber werden nur Glaubenssätze ausgetauscht; und das Verrückte oder Fatale daran ist: Jeder hat Recht. Da man sein Leben so macht, ist es so!

Man kann sich vorstellen, welche krass unterschiedlichen Lebenserfahrungen beispielsweise aufgrund folgender Glaubenssätze entstehen: Ich kann das nicht – Ich kann das lernen – Das Leben ist Kampf – Das Leben ist ein Spiel – Man darf niemandem trauen – Alle Menschen suchen Liebe – Ich muss mich anpassen – Ich bin ich.

Wie sieht ein Leben aus, das auf der Grundlage des einen oder des anderen Glaubenssatzes beruht? Das Leben zu gestalten ist im Prinzip ein ganz alltäglicher Vorgang. Jeder tut es andauernd und bemerkt es nicht einmal. Allerdings gestaltet man zum größten Teil das Alte neu und hat damit nichts Neues geschaffen. Weil man seinen alten Überzeugungen und Glaubenssätzen treu bleibt.

Um etwas Neues zu schaffen, muss man auch etwas Neues glauben.

Wollen Sie Musiker werden, dann sollten Sie glauben, dass »die Menschen mich hören wollen« oder dass »ich durch Musik etwas geben kann«. Um Bilder zu verkaufen, sollten Sie glauben, dass »es zumindest einige Menschen gibt, denen meine Bilder etwas wert sind«.

Die Bereitschaft, Neues zu glauben, kann mitunter fantastische Dinge wahr werden lassen, wie es im folgenden Beispiel geschehen ist. Ich schildere diese wirklich nicht alltägliche Geschichte, weil sie auf extreme Weise zeigt, was geschehen kann, wenn Menschen ihre Vorstellungen erweitern und etwas glauben, das bisher nicht zu ihrem Glaubenssystem gehörte, das den Rahmen der Alltagsvorstellungen sprengt.

Es war einmal ... eine Familie, die am Küchentisch sitzt und ein Unterhaltungsspiel spielen möchte. Zum dritten Mal nun fehlt ein wichtiger Bestandteil des Spieles, und zum dritten Mal macht sich jemand auf den Weg, ein neues Spiel zu kaufen, weil das Teil nicht einzeln erworben werden kann. Als die Frau nebenbei die Bemerkung macht: »Damit muss ja eine Menge Geld zu verdienen sein«, klingelte es bei ihrem Mann. Die Idee entsteht, ein eigenes Spiel zu entwickeln.

Nun haben wir alle von Zeit zu Zeit solche Ideen, aber es fehlt der feste Glaube daran. Woher auch immer, diese Familie hat die Überzeugung, »wir schaffen das«, und macht sich gemeinsam mit befreundeten Nachbarn an deren Verwirklichung.

Sie entwickeln ihre Spielidee und suchen nach der Fertigstellung einen Produzenten. Fehlanzeige. Da sie nicht aufgeben wollen, produzieren sie das Spiel selbst. Doch kaum ein Geschäft will das Spiel kaufen. Also ziehen sie inkognito durch die Läden und kaufen ihr eigenes Spiel, um die Besitzer zum Einkauf zu motivieren. Das ist teuer und nicht lange durchzuhalten. Schließlich stehen die Leute kurz vor dem Ende. Sie haben Grundstücke und Haus verpfändet und obendrein noch 240 000 Dollar Schulden.

Da erwähnt bei einer Oskarverleihung ein Preisträger vor Millionen Zuschauern am Fernsehen den Namen des Spieles. Und in einem Kinofilm taucht eine Szene auf, in der *Trivial Persuit* gespielt wird. Das war der Durchbruch. Mit einem Mal waren die Leute im Kaufrausch. Und die großen Spieleproduzenten wachen auf. Mittlerweile hat *Trivial Persuit* weltweit mehr als zwei Milliarden umgesetzt und ist meines Wissens das erfolgreichste Spiel aller Zeiten. Dies ist ein zugegeben außergewöhnliches Beispiel dafür, wie neue Realität entsteht. Aus einem Traum, aus einer Vorstellung und dem Glauben, dass sich dieser verwirklichen lässt.

Zwar werden Träume nicht automatisch wahr, wenn man nur fest genug an sie glaubt. Das wäre naiv. Aber umgekehrt funktioniert die Automatik in jedem Fall: Wenn wir nicht an sie glauben, werden sie todsicher nicht wahr, denn dann tut man keinen Schritt in diese Richtung, und alles bleibt, wie es ist.

So lautet die grundlegende Erkenntnis, an die Helden sich halten sollten: Niemand kommt am Ziel an, der nicht an sich und seine Träume glaubt.

Wer seinen individuellen Mythos erfüllen will, sollte ihm vertrauen. Man selbst kann das nicht. Aber die Traumgestalt, die Heldengestalt, sie ist dazu in der Lage. Der Held zweifelt weder an seinem Auftrag noch an seinem Ziel. Er hat Zuversicht und Mut.

Neues ermöglichen

Da man sein Leben in jedem Fall durch Glaubenssätze gestaltet, kann man diese Dynamik ebenso umkehren und fragen: Welche

Überzeugung müsste ein Mensch haben, damit er sein Leben entsprechend seines Lebenstraumes verwirklicht? Was müsste ein Mensch glauben, der den Zustand »Selbstbewusstsein« erreichen will? Was jemand, der Gelassenheit sucht oder der Verbundenheit herstellen will?

Der Selbstbewusste müsste beispielsweise überzeugt sein: »Ich bin gut und wertvoll, meine Meinung ist wichtig, niemand steht über mir« und sich dementsprechend verhalten. Der Gelassene müsste glauben: »Ich darf die Dinge in Ruhe angehen« und sich demzufolge die Erlaubnis geben, zu entspannen und zu warten. Der Verbundene wäre überzeugt, dass »alle Menschen Nähe und Liebe suchen und Liebe daher möglich ist«. Er wird sich entsprechend offenbaren und so auf andere treffen, die Gleiches tun.

Menschen, die in der Lage sind, Neues zu glauben und daher auch Neues tun, erleben Neues. Darum können sie sagen: »Es funktioniert tatsächlich.« Ihre neuen Überzeugungen sind genauso wenig »wahr« wie die alten, aber sie wirken ebenso. Man kann sich Situationen vorstellen, in denen beispielsweise die folgenden Glaubenssätze hilfreich sind, selbst wenn man jetzt nicht in der Lage wäre, ihnen zu glauben:

- Gott gibt und Gott nimmt (wenn man einen nahe stehenden Menschen verliert).
- Es gibt keinen Gott (wenn man durch seinen Glauben zu sehr eingeschränkt wird).
- Ich bin liebenswert (wenn man einen Partner sucht).
- Alles, was mir geschieht, hat einen verborgenen Sinn (wenn man sich Vorgänge nicht erklären kann).
- Das Leben ist ein Spiel (wenn man die Dinge zu tragisch nimmt).

- Das Leben ist eine ernste Angelegenheit (wenn man Dinge zu leicht nimmt).
- Die Menschen sind auch schlecht, nicht nur gut (wenn man nicht begreifen kann, warum Menschen etwas Schreckliches tun).

Glücklich sind diejenigen, welche Neues glauben können. Durch außergewöhnliche Überzeugungen und ungewöhnliche Taten werden sie zu Vorbildern. Aber was nützt das beste Vorbild, wenn man selbst über dessen Glaubenskraft nicht verfügt? Wie gelangt man an die richtigen, die sinnvollen, die wirksamen, die dem individuellen Mythos entsprechenden Überzeugungen? Wie kann man etwas glauben, das man nicht glauben kann?

Es wäre in der Tat sinnlos, sich neue Überzeugungen einreden zu wollen. Man kann seinem Ich nicht verordnen, etwas anderes zu glauben als das, was es bereits glaubt und was es jeden Tag mehr oder weniger »erfolgreich« anwendet. Das Normalbewusstsein hat auch kein Bedürfnis, etwas Neues zu glauben, denn seine Aufgabe besteht ja darin, diese Normalität zu bewahren.

Man kann einem zurückhaltenden Menschen zwar zurufen: »Du kannst das! Du bist einzigartig!«, doch wird sein Ich das nicht annehmen. Wie kommt der Mensch dann zu neuen Überzeugungen?

Er hat sie bereits! Denn er hat seinen Lebenstraum geträumt. Bei der Suche nach neuen Überzeugungen muss man sich an den Helden wenden, an die Traumfigur aus der Zukunft. Dann macht man die überraschende Entdeckung, dass man das Neue tatsächlich bereits glaubt. Jeder verfügt über solche erweiterten Glaubenssätze, sie sind lediglich noch nicht ins Bewusstsein vorgedrungen.

Wenn man also erforscht »Was glaubt der Held?«, dann präsentiert das Unbewusste die individuell richtigen Glaubenssätze, die der Betreffende zur Gestaltung neuer Lebenserfahrungen braucht.

Menschen sollten auch bewusst glauben, was sie unbewusst schon glauben. Glaubten sie es nicht bereits, dann könnten sie auch nicht davon träumen!

Der Traum transportiert die unbewusste Information an den Rand des Bewusstseins. Das ist eine wichtige Funktion von Träumen. Dann kann der Mensch beginnen, sie in das Ich aufzunehmen. Somit zeigen Träume das individuelle Potenzial. Sie lassen das Neue näher rücken, das, was man bisher für unmöglich hielt.

Der Held öffnet die Fantasie, die Vorstellung des Menschen und macht damit erste Schritte in Richtung Realisation des individuellen Mythos. Denn ohne diese Öffnung der Vorstellung kann die entsprechende Handlung nicht folgen.

Wenn sich am Rande des Bewussten träumend eine Möglichkeit kristallisiert, taucht eine faszinierende Frage auf. Sie lautet: »Warum eigentlich nicht … ?«

Es ist dies ein Schlüsselmoment, in dem alte Glaubenssätze ins Wanken geraten, weil neue Überzeugungen Platz beanspruchen.

Warum eigentlich sollte jemand, der sich darstellen möchte, nicht in eine Theatergruppe eintreten, eine eigene gründen, solo auftreten oder eine Schauspielschule besuchen? Warum eigentlich sollte jemand, der von der Ferne träumt, nicht in ein anderes Land gehen? Warum eigentlich sollte jemand nicht einen anderen Beruf lernen, der ihm mehr Freude bereitet?

Es gibt so viele Möglichkeiten zu leben. Wer um die Welt reist, kann einige davon beobachten. Während der Leser an einer bestimmten Stelle sitzt, geschehen auf der Erde Tausende und Millionen verschiedene Dinge. Überall leben Menschen aufgrund verschiedenster Vorstellungen. Was ist Realität? Das, wofür wir uns entscheiden! Gleich, ob freiwillig oder unfreiwillig, gleich, ob bewusst oder unbewusst.

Warum also sollten wir nicht … unseren Träumen folgen? Weil uns etwas davon abhält. Weil sich etwas gegen den Traum stellt! Etwas, das wir ebenso wenig kontrollieren können wie unsere Träume.

Dämonenwerk

»Warum eigentlich sollte ich nicht …«, spricht der Held. Er will
wahrhaft Großes tun. Er will den individuellen Mythos verwirklichen. Er sammelt seinen Mut und seine Entschlossenheit
und … zögert. Unsicherheit breitet sich aus. Er bleibt stehen. Er
überlegt es sich noch einmal.

Beim Versuch, Neues zu tun, gelangen Menschen an Grenzen,
Schwellen, Hindernisse. Hier tauchen Einwände, Befürchtun-
gen, Bedenken, Ahnungen, Beklemmungen, kurzum, Ängste in
ihren unterschiedlichsten Erscheinungsformen auf. Darin begegnet der Held seinem Widersacher, dem Dämon Angst. Er teilt das
Schicksal aller Helden aller Mythen aller Zeiten und aller Völker.

Wer mutig ist, begegnet seiner Angst. Wer Heldentaten vollbringen will, lockt den Dämon der Angst aus seiner Höhle.

Wächter der Schwelle

Erinnern Sie sich an das Beispiel des Australien-Auswanderers.
Der Mann steht, sollte er im Lande bleiben, vor typischen Herausforderungen. Wird er »Der Männliche« bleiben können? Wie
oft wird er versucht sein, sich von seiner Familie zur Änderung
seiner Einstellung überreden zu lassen und die Schwiegereltern
doch ins Haus zu holen? Wird er seine Unabhängigkeit bewahren oder die Hände gierig nach dem Erbe ausstrecken? Wird er
»Der Nachgiebige« sein oder seinem Heldennamen Ehre berei-
ten? Wird er nicht nur in seinen Träumen, sondern auch in der
Gegenwart Held sein können?

Dämonen sind starke Kontrahenten der Helden. Sie haben eine gewichtige Antwort auf die Frage » Warum eigentlich nicht … ?« parat. Diese Antwort lautet: »Sonst …!«

- Sie wollen dem Chef die Meinung sagen, aber der Dämon warnt: »Pass dich lieber an, *sonst* fliegst du raus!«
- Sie wollen sich vom Partner trennen, doch der Dämon gibt zu bedenken, »wie schwer es ist, einen anderen Partner zu finden«, und überredet Sie auszuhalten, »*sonst* wirst du allein sein«.
- Sie wollen Schritte aus der Einsamkeit tun und andere Menschen kennen lernen, aber der Dämon orakelt, das wäre »ein Zeichen der Schwäche, lass es sein, *sonst* bist du am Ende bloß blamiert«.

Dämonen berufen sich auf Lebenserfahrungen und damit auf bewährte Glaubenssätze. Sie bewegen sich auf sicherem Terrain, und wer auf sie hört, fühlt sich entsprechend sicher.

Eine junge Frau, die sich in Ausbildung zur Sängerin befindet, bekommt das überraschende Angebot, zusammen mit einem bekannten Sänger aufzutreten. Die Frau lehnt ab. Sie glaubt, nicht gut genug zu sein. Sie hat, im Gegensatz zu dem Sänger, kein Vertrauen in ihre Fähigkeiten. Sie erliegt der Angst vor Blamage. Es ist vertrauter zu verzichten als zu wagen.

Erinnern wir uns an dieser Stelle an die grundsätzliche Erkenntnis, dass Realität träumend, durch die Kraft von Fantasien und Visionen entsteht. Und halten wir uns vor Augen, dass auch Angst ein Traum, eine Vorstellung, eine Voraussage ist. Ich bezeichne Angstvorstellungen deshalb als dunkle Träume.

Es spielt keine Rolle, welcher Qualität Träume sind. Auch dunkle Träume sind wirksam.

Dämonen verfügen über ein breites Repertoire an Möglichkeiten. Sie sind geschickte Redner, können hervorragend Angstträume produzieren und unangenehme Gefühle und Körperempfindungen entstehen lassen. Ihre Fähigkeiten bestehen im Einreden, Ausmalen oder Fühlen-Lassen von negativen Konsequenzen.

Ausmalen – Dämonenbilder

Vor einiger Zeit half mir ein Bekannter dabei, junge Hühner mit Ringen zu markieren. Dafür ist es notwendig, die Hühner an den Füßen zu packen und fest zu halten. Mein Besucher traute sich nicht, das zu tun, weil er Angst hatte, die Hühner würden ihn in den Finger picken. Nun hielt ich ein Huhn in der Hand, und es war offensichtlich, dass es keinesfalls pickte. Trotzdem blieb mein Besuch von der Vorstellung gelähmt, die Hühner würden zwar nicht mich, aber ganz sicher ihn picken. Sein Dämon hielt ihm das Bild des pickenden Huhns vor und drohte: »Du wirst schon sehen, was passieren wird!«

Dieses Beispiel ist gewiss nicht gravierend, aber es zeigt, dass ängstliche Vorstellungen selbst eine unmittelbar vor Augen liegende Realität überdecken können.

Einreden – Dämonengeflüster

Einer meiner Klienten verschwieg seiner Ehefrau wichtige finanzielle Dinge und litt unter dieser Belastung. Einerseits wollte er sich mitteilen, aber auf der anderen Seite stand ein Dämon und flüsterte: »Warum solltest du ihr die Wahrheit sagen, du versetzt sie nur in Angst. Schwindle ruhig weiter, sonst … wird die Beziehung in die Brüche gehen.« Sein Dämon überredete ihn zum Schweigen.

Dämonen können in der Tat finstere und einschränkende Gedanken heraufbeschwören. Damit sind ihre Möglichkeiten aber nicht erschöpft.

Dämonenmacht über Körper und Gefühle

Ein Klient möchte Abenteuer erleben und eine Weltreise machen, aber wenn er sich in diese Vorstellung vertieft, bekommt er ein flaues Gefühl im Magen und Herzklopfen. »Ich kann dann nicht bei meinen Plänen bleiben.«

Wie man sieht, können Dämonen unangenehme Gefühle entstehen oder den Körper regelrecht erzittern lassen. Denken wir nur an Eifersucht und die körperlichen Begleiterscheinungen dieses ängstlichen Zustandes.

Tu es nicht, sonst …! Dämonen drohen. Sie drohen mit Konsequenzen und beweisen ihre Aussagen mit Lebenserfahrung. Damit fahren sie schweres Geschütz auf. Man ist gern bereit, ihnen zu glauben, schließlich hat man diese Erfahrungen ja selbst erlebt und, im Doppelsinn des Wortes, selbst gemacht. Angst ist eine so große Kraft, weil sie über die Macht der Vergangenheit verfügt. »Du weißt doch, wie es ausgehen wird! Du hast es doch schon oft erlebt! Lass es lieber bleiben, sonst …!«

Den frühen Vogel fängt die Katze … Schuster bleib bei deinen Leisten … Wer zu hoch hinaus will, fällt tief … Lieber den Spatz in der Hand als die Taube auf dem Dach … Wer könnte die »Wahrheit« solcher Aussagen bestreiten?

Zwänge und Enge

Die Folgen von Dämonentaten, die Folgen von Ängsten liegen in den Zwängen des Lebens. Und wozu fühlt man sich nicht alles gezwungen!

- »Ich muss schließlich arbeiten gehen, ob ich will oder nicht. Ich muss diese verflixte Arbeit machen, sonst ... werde ich verhungern.« Aber Millionen Menschen arbeiten nicht und essen trotzdem, oder finden eine bessere Arbeit.
- »Man kann nicht tun, was man will. Man muss immer Kompromisse machen, sonst ... wird man von den Leuten gemieden.« Aber es gibt Menschen, die keine faulen Kompromisse machen und trotzdem oder gerade deshalb Freunde haben.
- »Das Leben ist kein Vergnügen. Man muss sich anstrengen, sonst ... bringt man es zu nichts.« Aber wieso muss man es zu etwas bringen? Andere sind auch ohne sichtbaren Erfolg glücklich.
- »Jeder ist sich selbst der Nächste. du musst andere reinlegen, sonst legen sie dich rein.« Aber es gibt auch Menschen, die einander vertrauen und sich darin nicht enttäuschen.

Zwanghafte Einstellungen lassen den Menschen durch das Leben irren wie durch eine Stadt, die scheinbar nur aus Einbahnstraßen besteht. Zwänge gaukeln vor, es gebe nur diese eine Möglichkeit, aber das ist nicht wirklich so. Erst wenn man auf solche Ängste hört, wenn man den Dämonen grundsätzlich glaubt, dann wird das Leben eng.

Wenn Menschen entdecken, auf welch negativen Glaubenssätzen und Dämonentaten ihr Leben teilweise beruht, sind sie erstaunt oder manchmal auch schockiert.

»Mein ganzes Leben war eine einzige Anpassung. Als junger Mann glaubte ich, man müsse erst mal zehn oder fünfzehn Jahre im Unternehmen arbeiten, fleißig sein, dürfe keinen Ärger machen, sonst hätte man keine Chance, die Leiter hochzukommen. Also habe ich das getan. In meiner Ehe glaubte ich, man müsse die Bedürfnisse der Frau erfüllen, um sie nicht zu verlieren. Also habe ich das versucht. Jetzt wird mir klar, dass dies nur Ideen waren, nicht die Wahrheit. Ich würde gern wissen, was aus meinem Leben geworden wäre, wenn ich andere Dinge geglaubt hätte.«

Dämonengeleit – ein fragwürdiger Schutz

Dämonen tun alles, um Helden von ihrem Ziel abzubringen. Man muss sich jedoch vor Augen halten, dass auch sie nicht aus Vergnügen oder Langeweile negative Einstellungen erfinden.

Dämonen sind keine schlechten Kerle. Sie wollen den Menschen vor Schlimmerem bewahren. Sie glauben, dass die Folgen einer Heldentat schlimmer sind als die Folgen des Verzichts darauf. Sie wollen Schaden abwehren. Das ist der Sinn ihrer Warnungen.

»Abgewiesen zu werden ist schlimmer als Alleinsein!«, ruft der Dämon und hält jemanden ab, Kontakt aufzunehmen. Wieso? »Weil es wehtut, und das mit Sicherheit, denn du wirst auf jeden Fall abgewiesen werden!«

»Den Arbeitsplatz zu verlieren ist schlimm. Also pass dich an. Das ist weniger schlimm!« Wieso? »Weil du so einen sicheren Arbeitsplatz nie wieder findest!«

Dämonen wollen beschützen, und sie greifen dabei auf Erfahrungen zurück. Aber diese Erfahrungen gehören zur Vergangenheit und werden auf diese Weise nur wiederholt. Dämonen können daher die Zukunft blockieren.

Die Absichten der Dämonen sind positiv, doch die Folgen sind negativ. Sie verhindern das neue Leben.

Dämonen wollen behüten, aber sie legen fest und sperren ein. Sie machen das Leben eng und schwer. Sie stehen dort an der Grenze, sind Hüter der Schwelle zum Neuen und lassen sich nicht verscheuchen. Man muss sich ihnen stellen. Denn: Wer seiner Lust folgt, begegnet seiner Angst![1]

Kein Held hat je sein Ziel erreicht, ohne die Begegnung mit seinen Ängsten zu bestehen.

Wie sonst sollte er stark werden? Wie sonst lernen, was er zu lernen hat? Wer die Königstochter haben will, muss mit dem Drachen kämpfen. Wer den Stein der Weisen sucht, muss die Wüste durchqueren. Wer das Heer führen will, muss im Kampf seine Stärke beweisen.

Dämonen-Namen

Dämonen bauen eine Grenze vor der Zukunft auf, die nicht ohne weiteres zu überwinden ist.

An dieser Grenze nutzen sie alle ihre Möglichkeiten, um den Helden zur Aufgabe und zur Umkehr zu bewegen. Sie halten

---

[1] zu den Themen *Lust* und *Angst* siehe Mary: *Change – Lust auf Veränderung,* Bergisch Gladbach 2004

hin, halten ab, zögern, verzögern, verhindern, zerreden, machen mies, säen Zweifel, argumentieren, verwirren, rauben die Konzentration, lähmen, nehmen die Lust, malen schwarz, rufen schlechte Gefühle hervor.

Man hat eine Idee – und bekommt sofort ein mulmiges Gefühl. Die Idee ist vergessen. Man hat einen Impuls – und erhält einen gedanklichen Einwand. Der Impuls ist erstorben. Man fasst einen Entschluss – und träumt negative Konsequenzen. Man zweifelt und gibt auf.

Zumeist bemerkt man nicht, was an der Grenze geschieht. Ein Mann erzählt von seinen Erlebnissen auf einer Fachtagung.

»Hingefahren bin ich voller Schwung und mit der Absicht, mit Kollegen regen Austausch zu haben. Aber als ich da war, fühlte ich mich irgendwie außen stehend. Ich habe mich dann vorwiegend in Großveranstaltungen aufgehalten oder auf dem Hotelzimmer. «

»Warum?«, wollte ich wissen. »Keine Ahnung, es ist so passiert.«

So arbeiten Dämonen – am besten undercover. Der Mann wusste nicht einmal, was ihn hemmte. Er hatte bloß ein unangenehmes Gefühl und ist deshalb den erwünschten Begegnungen aus dem Wege gegangen. Vielleicht dachte er »Die anderen wissen mehr als ich. Was soll ich zu der Diskussion schon beitragen?« oder »Die anderen sind besser als ich«.

Eine Frau ist mit ihrem Leben unzufrieden, mit ihren Freunden, ihrer Wohnung, ihrem Partner, ihrem Job. Doch sobald sie einen Anlauf nimmt, etwas zu verändern, stoppt sie. Dann sagt sie Dinge wie: »Es ist doch gar nicht so schlimm. *Eigentlich* geht es mir doch gut. Ich habe doch alles.« Aber wenn es wirklich so wäre, ginge es ihr gut und sie würde nicht träumen.

Dämonen arbeiten im Dunkeln. Um nun Licht in die Vorgänge an der Grenze zu bringen, ist es hilfreich, dem Dämon einen Namen zu verleihen. Das macht ihn deutlicher.

Die Frau aus dem Beispiel oben gibt ihrem Dämon den Namen »Beschwichtiger«. Aufgrund ihres Sprachgebrauches könnte man ihn auch »Eigentlich« nennen, denn »*eigentlich* geht es mir gut – *eigentlich* ist alles nicht so schlimm – *eigentlich* sind meine Freunde doch in Ordnung – *eigentlich* ist die Wohnung doch schön ... «. Aber eben nur eigentlich.

Andre und oft auftauchende Namen für Dämonen sind:

- *Der Miesmacher,* wenn gute Ideen schlecht gemacht werden.
- *Der Brave/Nette,* wenn Konflikte vermieden werden, um geliebt zu werden.
- *Der Leugner,* wenn alles »nicht so wichtig ist«, wie es wirklich ist.
- *Die Angst,* wenn man sich partout nicht traut.
- *Der Schläger,* wenn man aus Angst andere bedroht.
- *Die Starre,* wenn man bewegungslos wird.
- *Die Schuld,* wenn man sich für schlecht hält.
- *Der Tod,* wenn die Angst das Leben erstickt.
- Und tausend andere mehr.

Mit Dämonennamen verhält es sich wie mit Heldennamen. Sie sind individuell und beziehen den Namen aus ihren besonderen Fähigkeiten. Was können sie? Was können sie besonders gut? Stillhalten? Aushalten? Durchhalten? Weglaufen? Drohen? Zerreden?

Wo sich das Leben entscheidet

Die beschriebene Grenze ist ein interessanter Bereich. Hier kann man entdecken, was man tief innen glaubt – meist ohne es zu wissen.

Diese Grenze verläuft im Inneren, quer durch Gedanken, Gefühle und Fantasien. Deshalb findet die Konfrontation zwischen Held und Dämon hier statt. Es ist dies eine Auseinandersetzung zwischen Lusttraum und Angsttraum, zwischen heller und dunkler Vision, zwischen Zukunft und Vergangenheit. Es gibt keinen Weg um diese Grenze herum.

Somit ist die Grenze der Ort, an dem sich ein Leben jetzt in jeder konkreten Tat entscheidet.

Was soll man tun? Umkehren? Aufgeben? Die Auseinandersetzung bestehen? Der Angst ins Gesicht schauen? Den Dämon erkennen? Ihn vielleicht sogar besiegen?

Den Dämon besiegen

»How do I slay the dragon in me?«, fragt Bill Moyers den Mythenforscher Joseph Campbell.

»Follow your bliss«, lautet dessen Antwort.

Wie besiege ich den Drachen? Folge deiner Erfüllung! Und was genau ist meine Erfüllung?

»What is it, that makes you happy? Stay with it, no matter what people tell you. This is what I call following your bliss.«[2]

---

[2] aus: Joseph Campbell, *The Power of Myth*, New Yok, 1988

Was macht dich glücklich? Bleib dabei, egal, was andere sagen. Das ist deine Erfüllung.

Campbell hat die Mythen der unterschiedlichsten Völker erforscht und erkannt, dass sie ausnahmslos auf gleichen Strukturen beruhen. Sie beschreiben, wie Veränderung und Erweiterung im Leben der Menschen geschieht: indem die Angst besiegt wird.

Dämonen – das sind die verinnerlichten »anderen«. Das sind die Überzeugungen und Glaubenssätze der anderen, die festlegen und Angst machen, sobald man aus der Reihe tanzt. Man sollte sich ihnen stellen, sonst ist Erfüllung nicht möglich.

Wenn die Helden unserer Märchen und Mythen um die Hand der schönen Königstochter anhalten, müssen sie beweisen, dass sie es wert sind, dieses Juwel zu erhalten. Sie müssen hinaus in die Fremde und Dämonen begegnen, Zauberern, Drachen, Ungeheuern. Sie müssen ihren Ängsten gegenübertreten und sich in der Auseinandersetzung mit ihnen bewähren. Warum sollten wir es leichter haben?

Sie wollen etwas Neues? Holen Sie es sich! Sie wollen den Schatz besitzen? Dann gehen Sie in die Höhle und besiegen Sie den Drachen! Denn eines steht fest: Geschenkt bekommt man das Neue nicht.

Sich bewähren

Der Held ist aufgebrochen, den individuellen Mythos zu realisieren, und kennt nun seine Herausforderung. Sie bedeutet:

Hemmungen, Zwängen und Ängsten zu begegnen und in dieser Auseinandersetzung zu bestehen.

Doch Mut reicht nicht. Der Held muss außerdem Ausdauer entwickeln, denn nur wer nicht vorzeitig aufgibt, kommt am Ziel seiner Lebensträume an.

Wie entwickelt man Ausdauer? Das ist ohne Zweifel eine Frage der Übung. Mythische Helden erwerben sie, indem sie etliche kleinere Abenteuer bestehen, bevor sie das große Abenteuer wagen. Glücklicherweise gibt das Leben genügend Gelegenheiten, Ausdauer zu entwickeln, denn auch wenn man die eine oder andere Heldentat vollbringt – es wird nicht gleich *alles* anders.

Niemand tut einen einzigen Sprung ans Ziel seiner Träume. Zu groß ist die Macht negativer Glaubenssätze, zu groß der Bann der Vergangenheit, zu verworren sind die Verstrickungen in den verschiedenen Lebensbereichen, zu gefestigt ist die Macht der Gewohnheit, zu heftig sind die Ängste, um sie einfach abzuschütteln.

Natürlich hat jeder Mensch die Sehnsucht, einfach und schnell am Ziel seines individuellen Mythos zu landen. Diese Sehnsucht steht hinter der Fixierung auf die Ausgangssymbole. Die erstrebenswert scheinenden Dinge sollen es für uns tun!

Tatsächlich lassen sich äußere Symbole mitunter recht plötzlich realisieren. Beispielsweise könnte mir jemand ein Auto schenken. Aber er kann keine Gelassenheit schenken.

Man darf nicht vergessen, dass der individuelle Mythos einen Lebenszustand, eine Lebensqualität sucht, nicht bloß einen Gegenstand. Eine solche Qualität muss entwickelt werden. Man könnte gar nicht mit ihr umgehen, stünde sie plötzlich und unerwartet zur Verfügung.

Ein Mensch beispielsweise, der Jahrzehnte in Druck und Hektik lebte, muss Entspannung regelrecht lernen. Bringt man ihn unvermittelt in eine Situation der Ruhe, indem man ihn an den Strand legt oder auf einer einsamen Insel absetzt, wird er sich dagegen wehren. Er wird sagen: »Das ist langweilig, unerträglich, hier ist nichts los.« Er wird sich im Zustand Ruhe nicht zurechtfinden, nervös zappeln, unruhig hin- und herrutschen und sich nach einer Beschäftigung umsehen.

Ein neuer Lebenszustand, eine neue Lebenshaltung, entsteht nicht plötzlich. Das will mit Ausdauer erschaffen werden. Wenn sich beispielsweise jemand bisher zurücknahm und nun den Mythos der Selbstbewusstheit verwirklichen will, hat er an vielen Fronten zu kämpfen. Er wird sich gegen aufdringliche Freunde, ungerechte Partner, willkürliche Vorgesetzte, genervte Kassiererinnen im Kaufhaus, Kellner mit kalter Suppe und vieles mehr behaupten müssen. Er wird also sein Selbstbewusstsein erst entwickeln und trainieren müssen.

Vom Lernen

Erstaunlich oft begegnet mir in Seminaren ein Lebensplan der folgenden Art: »Wenn ich erst einmal pensioniert bin, dann kann ich endlich tun, was ich will.«

Diese Menschen vergessen, dass sie fünfzig Jahre lang lernten zu tun, was sie nicht wollen. Sie werden feststellen, dass es nicht einfach ist, zu tun, was man will, wenn man das Gegenteil gelernt hat.

Man kann neue Lebenszustände weder kaufen noch nach Belieben wechseln. Man muss den gesuchten Zustand erlernen, den neuen Erlebenszusammenhang aufbauen.

Lernen ist ein ärgerliches Wort. Lernen macht sauer. Ich erinnere mich an eine Frau, die Probleme in der Partnerschaft hatte, weil sie ihre Bedürfnisse nicht mitteilen konnte. Wir arbeiteten an diesem Thema, und mit meiner Hilfe gelang es ihr recht gut, sich mitzuteilen. »Aber wie mache ich das zu Hause?«, wollte sie wissen. »Sie müssen es lernen«, antwortete ich. Die Frau wurde sehr ärgerlich, sie hatte es sich einfacher vorgestellt.

Wenn ich Seminare in Konfliktbewältigung gebe, begegne ich dem gleichen Phänomen. Die Leute arbeiten seit vielen Jahren im Betrieb, und natürlich entstehen Konflikte. Nun kommen sie in ein Seminar, und etwa sechzig Prozent der Teilnehmer erwarten, dass ihre Konflikte nach zwei Tagen gelöst sind. Sie wollen Konfliktlösung haben, aber sie wollen sie nicht lernen.

Jeder will sich den Weg über die Grenze ersparen. Deshalb sind Menschen so anfällig für die Schlepper des Alltags, für Gurus jeder Couleur, die versprechen, ihre Jünger über die Grenze zu heben. Ihr Versprechen lautet: »Ich tue es für dich.«

- »Wähle mich, ich erfülle deine Träume«, ruft der Politguru.
- »Lege dein Geld bei mir an, ich mache mehr aus deinen Träumen«, verheißt der Finanzguru.
- »Kauf mich, ich mache dich zufrieden«, verspricht die Ware.
- »Komm zu mir, ich zeige dir den Weg zu Gott«, beschwört der Priester.
- »Vertraue mir – ich heile dich«, behauptet der Therapieguru.

All diese Leute leben von der Trägheit und der Hoffnung der Menschen, auf billige Weise ans Ziel zu kommen. Denn sie versprechen zu tun, was jeder selbst lernen und tun muss.

Die Lebensträume der Menschen haben eine wichtige und faszinierende Eigenschaft. Sie heben den Träumer über die Begrenzungen des Alltags, über die Grenzen des normalen Lebens hinaus. Sie sind quasi Freiflüge in das Land der Möglichkeiten. Aber das Flugzeug landet wieder auf dem gleichen Boden, von dem aus es startete; und damit hat man die Grenze wieder vor sich. Man muss den Weg hinüber selbst finden.

Die Grenze ist ein Hindernis, in dem ein tieferer Sinn liegt. Denn der Wächter der Grenze, der Dämon, hindert durch seine Angst daran, leichtfertig zu sein. Er zwingt zur Auseinandersetzung mit Zielen und hält den Betreffenden damit auf dem Boden. Wäre an der Grenze alles ganz einfach, wäre die Gefahr groß, abzuheben.

Was würde man alles aufs Spiel setzen, wenn es keine Angst gäbe! Beziehungen, weil man mal Lust auf einen kleinen Seitensprung hat. Oder sogar das Leben, weil man gerade Gefallen an einem Nervenkitzel findet.

Wenn man die Grenze überschreitet, dann soll es sich auch lohnen, dann soll es sich auch um etwas Wichtiges handeln. Dafür sorgt der Dämon, denn nur, wer ihn besiegt, kann die Grenze passieren.

Betrachten und definieren wir die Grenze also folgendermaßen: Alle Schwierigkeiten und Probleme, alle Hemmungen und Ängste sind Lernsituationen.

Glücklicherweise stehen wir »zufällig« fast immer vor den passenden Lernsituationen.

Wer Selbstbewusstsein lernen will, hat mit Sicherheit einige Menschen in seiner Nähe, die ihn nicht respektieren. An ihnen kann er üben. Wer Entspanntheit lernen will, hat mit Sicherheit ständig etwas zu tun oder trifft dauernd auf Erwartungen anderer, etwas für sie zu tun. Hier bekommt er die Gelegenheit, sich abzugrenzen. Wer lernen will zu lieben, ist ganz bestimmt von Menschen umgeben, die kalt und unnahbar erscheinen. Er kann lernen, Wärme in diese Beziehungen hineinzubringen oder tote Beziehungen verlassen. Wer sich darüber beklagt, einen Partner zu haben, der ihn unterdrückt, könnte stattdessen lernen, sich durchzusetzen.

Anstatt sich zu beschweren oder zu klagen, könnte man die Herausforderung in diesen Situationen erkennen und annehmen. Das ist eine der magischen Seiten des Alltags. Man bekommt das Schwierige so lange aufs Brot geschmiert, bis es endlich gelernt ist. So entwickelt man Ausdauer.

Wenn ich den Begriff »lernen« benutze, spreche ich jedoch nicht vom Lernen der Schulen und Universitäten, nicht von fremdbestimmtem Lernen. Ich meine das Lernen aus einem inneren Drang, aus der Sehnsucht des individuellen Mythos heraus. Dieses individuelle Lernen lohnt, denn es bringt Freude und Erfüllung mit sich.

Warum? Weil jede Heldentat, ob klein oder groß, für sich bereits ein Stück der erträumten Zukunft darstellt. Helden bringen die Zukunft in die Gegenwart.

Kapitel 3: Der Alltag als Abenteuer

In diesem Kapitel beschreibe ich, wie wichtige Entscheidungen in Übereinstimmung mit den Lebensträumen geprüft, getroffen und verfolgt werden können und so der Alltag entsprechend der Lebensträume gestaltet wird.

Die Entscheidungen des Lebens

Der Held hat sich entschieden, aus den Höhen der Lebensträume in die Niederungen des Alltags zu gehen und dieses Land der Möglichkeiten durch seine Taten zu verändern. Der Dämon aber meint, man sollte alles beim Alten belassen.

So steht der Held an der Grenze, blickt ins Land der Verheißung, in die Zukunft, und vor ihm baut sich der Dämon auf, der Hüter der Schwelle. Die beiden fangen zu ringen an.

Dieses Ringen von Held und Dämon ist ein Ringen um die richtigen Entscheidungen des Lebens.

Im Grunde kann man das Leben als unendliche Folge von Entscheidungen, sich hieraus ergebenden Handlungen und daraus resultierenden Konsequenzen ansehen. Es kommt also (fast) alles auf die richtige Entscheidung an.

Um die richtigen Entscheidungen zu treffen, also diejenigen, welche den Lebenstraum verwirklichen, sind drei Punkte zu beachten. Es geht darum: die Richtung einer Entscheidung zu prüfen, den Helden handeln zu lassen und dann wach mit der Entscheidung zu leben.

Die Richtung von Entscheidungen prüfen

Vor kurzem besuchte ich Freunde, um mit ihnen gemeinsam ein erholsames Wochenende an der Ostsee zu verbringen, und geriet in deren Reisevorbereitungen. Zuerst stopften sie kistenweise Lebensmittel und Kleider ins Auto. Dazu kamen Surfanzüge,

Luftmatratzen und allerhand Zubehör obendrauf. Sie zurrten zwei Surfbretter mit Segel auf dem Wagen fest. Schließlich wurden noch Fahrräder am Wagen angebracht. Die gesamte Aktion dauerte knapp drei Stunden, weil auch die jeweiligen Gepäckträger montiert werden mussten und es teilweise heftige Wortgefechte über die beste Art des Packens gab.

Der anschließende Kurzurlaub sah etwa folgendermaßen aus: einpacken, fahren, auspacken. Schnell ein bisschen surfen, essen, Fahrrad fahren. Nachts alles wieder ans Auto montieren, damit nichts gestohlen wird. Morgens alles wieder abmontieren, schnell noch etwas surfen, kochen, schwimmen. Dann in Eile einpacken und fix nach Hause fahren, denn sonst kommt man in den Stau.

Das Ziel lautete Entspannung, aber der Weg war Stress. Hier stimmte etwas nicht überein. Der gewählte Weg führte nicht in Richtung Entspannung, sondern in Richtung Anspannung. Man kann nicht »schnell entspannen« oder sich »in aller Eile Ruhe gönnen«. Auf diesem Weg war das Ziel also nicht zu erreichen. Die Richtung war falsch.

Wenn Sie von Hamburg nach München wandern und keine Karte zur Verfügung haben (wer hat schon eine Karte seines Lebens?), müssen Sie die Richtung kennen. Wenn die Richtung nicht stimmt, kommen Sie nicht an. In der falschen Richtung landen Sie in Istanbul oder Oslo, aber nicht in München. Wenn Sie aber die Richtung kennen, kommen Sie mit Mut, Ausdauer und kleinen Umwegen irgendwann bestimmt an.

Wenn die Richtung einer Entscheidung nicht stimmt, erreicht man zwar möglicherweise das Ausgangssymbol, aber nicht die gesuchte Lebensqualität.

Im obigen Beispiel vom Urlaubswochenende bestand das Ausgangssymbol aus der Idee, »ans Meer zu fahren«, und die gesuchte Qualität lautete »Entspannung«. Verwirklicht wurde nur das Ausgangssymbol, denn die Leute kamen ans Meer, Entspannung stellte sich jedoch nicht ein. Wenn das Ziel »Entspannung« lautet, sollte auch die Richtung »Entspannung« lauten. Daher sollte schon der erste Schritt in Richtung auf dieses Ziel entspannt geschehen.

Konstruieren wir zur Erläuterung ein Beispiel, das nah an der Realität vieler Menschen angesiedelt ist. Jemand will ein Haus bauen. Das Haus ist sein äußeres Ziel und damit ein Ausgangssymbol. Er verspricht sich davon ein ruhigeres, geborgeneres und sichereres Leben. Das ist die gesuchte Qualität. Wie in vielen solchen Fällen sind die finanziellen Mittel aber knapp, und die Entscheidung fällt nicht leicht. Soll er das Risiko eingehen?

Er könnte nun prüfen, welches die Schritte auf dem Weg zum Ziel sind. Wie viel Geld muss er für den Kredit zwanzig Jahre lang jeden Monat aufbringen? Was bringt das mit sich? Fällt ihm das leicht? Verdient er genug, um dabei ruhig zu bleiben, und ist er gegebenenfalls flexibel genug, auch den Verlust des Hauses hinzunehmen? In welche Richtung führt sein Plan? Kann er sich unter diesen Umständen ruhig und geborgen fühlen? Oder wird er zwanzig Jahre ein unruhiges, unsicheres, angstvolles Leben führen, bis das Haus endlich abgezahlt ist? Stimmt die Richtung der Entscheidung?

Ein weiteres Beispiel: Ein älterer Mann hat sich mit einem beträchtlichen Vermögen zur Ruhe gesetzt. Jetzt reist er um die Welt und schaut sich schöne Plätze an. Da er es sich leisten könnte, kommt ihm die Idee, sich hier und da ein eigenes Haus zu kaufen. Dieser Plan ist sein Ausgangssymbol. Er verspricht sich davon Entlastung, da Hotelreisen ihn anstrengen.

Er spricht mit Freunden und vertieft sich über einige Wochen in diese Idee. Was kommt auf ihn zu? Makler beauftragen, passende Häuser finden, einen Notar suchen, die Häuser einrichten, die Gärten versorgen. Und er kommt zu dem Ergebnis, dass diese Entscheidung in die falsche Richtung führen würde: in Richtung Belastung statt in Richtung Leichtigkeit.

Wer blind entscheidet, läuft womöglich gleich in eine falsche Richtung. Eine »blinde« Entscheidung für ein Symbol kann durchaus ein halbes oder ganzes Leben aufbrauchen. Ich erinnere mich an ein Paar, das ungeprüft von Symbol zu Symbol hastete, in der Hoffnung, die gemeinsame Beziehung zu verbessern.

Weil der Mann sich beengt fühlte und seiner Frau auswich, kamen sie zu dem Schluss, eine größere Wohnung wäre eine Lösung (»in dieser engen Wohnung kann ich es nicht aushalten«). Die größere Wohnung wurde zum Symbol für innere Freiheit. Als die größere Wohnung da war und sich nichts änderte, musste ein Haus her (»die Wohnung ist noch zu klein«). Als das Haus da war und die Beziehung nicht besser wurde, kamen sie auf die Idee, ein Urlaubsdomizil zu schaffen, weil man Zuhause nicht entspannen kann (»wir müssen öfter mal raus«).

Doch keiner dieser Schritte brachte sie dem Ziel größerer Vertrautheit näher. Im Gegenteil, weil sie für das viele Geld, das sie ausgaben, auch viel arbeiten mussten, wurde die Distanz zwischen ihnen im Laufe der Jahre größer. Was hätten diese Leute getan, wenn sie die Richtung ihrer Entscheidungen intensiv geprüft und nicht bloß auf das Symbol geschaut hätten? Vielleicht hätten sie sich direkt mit ihrer Beziehung befasst und dort nach Lösungen gesucht.

Der nächste Schritt sollte ein Stück des gesuchten Zustandes bringen – dann führt er in die richtige Richtung.

Wenn die Entscheidung sofort oder zumindest bald einen Teil der gesuchten Qualität bringt, wird das Versprechen des Ausgangssymbols zumindest teilweise überflüssig. Dann verliert es seine magische Verheißung, die lautet: »Erst wenn, dann …« »Erst wenn du einen Mann hast … dann wird dein Leben vollständig sein.« »Erst wenn du an der Spitze bist … dann wirst du dich sicher fühlen.« »Erst wenn du in Pension bist … dann kannst du machen, was du willst« usw.

Die Ziele hinter den Symbolen sind weit entfernt, aber die Zukunft will jetzt beginnen. Wer weiß, was in der Ferne liegt? Wer weiß, ob es dort wirklich so toll ist? Und wie sollte man diesen langen Weg durchhalten, wenn nicht schon unterwegs die gesuchte Freude entsteht?

Gerade trat in einer Talkshow ein Mann auf, der gemeinsam mit seiner Frau einen perfekten Lebensabend geplant hatte, nach dem Motto »Wenn wir pensioniert sind, schauen wir uns die Welt an«. Zum Zeitpunkt der Pensionierung war Geld und Zeit genug da. Aber die Frau erkrankte schwer und konnte nicht mehr reisen. Aus der Traum. Auf die Zukunft gewartet, statt sie in der Gegenwart zu erschaffen.

Die Richtung einer Entscheidung zu prüfen erfordert es, sich mit einem Thema eingehender auseinander zu setzen. Die Entscheidung soll nicht aus unbewussten Motiven allein getroffen werden, sondern im Bewusstsein reifen.

»Wenn du es eilig hast, lass dir Zeit« – so lautet ein Sprichwort aus dem Fernen Osten. Natürlich erfordert es Zeit und eine gewisse Konzentration, die äußeren und inneren Bedingungen zu prüfen und zu einem stimmigen Ergebnis zu gelangen. Diese Zeit nimmt man sich oftmals nicht. Die Zeit allerdings, Monate und Jahre unreflektiert, ohne nachzudenken und nachzufühlen, einem Symbol zu opfern, diese Zeit ist reichlich vorhanden.

Die Richtung zu prüfen, dieser Schritt sollte vor einer Entscheidung stehen. So kann man sich im Vorfeld der Tat einen ungefähren Überblick verschaffen. Dann erst folgt die Entscheidung.

Den Helden entscheiden lassen

»In unseren Taten erfüllt sich die Kraft des Lebens, oder sie wird darin gebrochen.«

Dieses Zitat stammt von Joseph Campbell, dem weiter oben zitierten Mythenforscher. Diese Erkenntnis hat sich beträchtlich auf mein Leben ausgewirkt und begleitet mich seit nunmehr 25 Jahren kontinuierlich. Campbell weist hier auf einen wesentlichen Faktor von Entscheidungen hin.

Menschen quälen sich mit der Frage, *was* sie tun sollen. Es kommt aber vor allem darauf an, *wer* eine Entscheidung trifft. Held oder Dämon?

Vor einiger Zeit erfuhr ich auf deutliche Weise die Wahrheit von Campbells Aussage. Ein Freund, der nach einem Herzanfall in einem langen Koma lag, begann sich zu erholen. Er fuhr im Laufe eines Jahres zu drei langen Kuraufenthalten und kehrte jedes Mal frisch und lebendig zurück. In den übrigen Monaten, die er in seinem Haus verbrachte, schrumpfte er jedoch in sich zusammen. Es war offensichtlich, dass der Mann im Kurheim alles fand, was er vom Leben brauchte. Er wurde versorgt, hatte Kontakte, brauchte sich nicht um sein Haus und die Mieter zu sorgen und gewann wieder Spaß am Leben.

Da er schon zweiundsechzig Jahre alt war, schlug ich ihm aufgrund meiner Beobachtungen vor, sein wertvolles Haus zu verkaufen und für den Rest seiner Tage in Kur zu fahren. Doch er fand den Mut zu dieser Entscheidung nicht und verblieb im gewohnten Alltag. Er sorgte sich um sein Alter und wollte das

Haus als Sicherheit behalten, zusätzlich zur seiner an sich schon beachtlichen Rente.

»Wenn ich alt bin, kann ich das Haus immer noch verkaufen«, lautete seine Entscheidung. Eines Tages, die letzte Kur lag schon einige Monate zurück, sprachen wir miteinander, und ich sah in sein nun wieder zusammengefallenes Gesicht. Mich durchfuhr der Gedanke: »Er wird nicht mehr lange leben.« Zwei Tage später war er tatsächlich tot.

In Kur zu fahren, das Haus aufzugeben, das Leben zu genießen – das wären Heldentaten gewesen, das hätte in Richtung Erfüllung geführt. Aber der Mann war an der Grenze stehen geblieben und hatte den Dämon der Angst entscheiden lassen. So war seine Tat nicht Heldentat, sondern Dämonenwerk; und sie brach die Kraft seines Lebens.

Die zentrale Frage, an der sich die Erfüllung des individuellen Mythos entscheidet, lautet daher: Wer entscheidet? Die Traumfigur oder man selbst? Die erweiterte Identität oder die gewohnte Identität? Held oder Dämon?

Ich erinnere mich an eine Frau, die ihr Leben grundlegend verändern wollte und daran von einer Angst gehindert wurde. Sie hatte zur Lösung ihrer Probleme eine Reihe von Seminaren besucht, kam aber nicht voran.

Ich fragte sie:

»Wann werden Sie anfangen, Ihr Leben zu verändern? Wann werden Sie Ihre Vorhaben umsetzen?«

»Wenn die Angst weg ist«, entgegnete sie.

»Dann wird es nie sein«, war meine Antwort.

»Warum?«, wollte sie wissen.

»Weil die Angst nie weg sein wird.«

»Warten, bis die Angst weg ist«, das ist Dämonengeflüster. Denn Angst verschwindet nicht einfach. Das wäre ähnlich, als würde Siegfried vor der Höhle warten, bis der Drache auswandert oder zu alt ist, um zu kämpfen.

Eine Heldentat, die ohne Angst vollbracht wird, ist kaum als solche zu bezeichnen. Helden vollbringen ihre Taten, indem sie der Angst trotzen. Man kann Dinge tun trotz der Angst.

Auch Warten, Zögern oder Aufgeben sind Taten. Hier ist die Tat das Nichttun. Ob man viel oder wenig arbeitet, ob man aushält oder sich wehrt, nachgibt oder sich durchsetzt, an seine Ziele glaubt oder aufgibt – was immer die konkrete Tat ist, sie hat Auswirkungen. Sie erfüllt oder bricht die Lebenskraft.

Heldentat oder Dämonenwerk?

Bei einer Entscheidung ist es demnach äußerst wichtig zu wissen, ob die geplante Handlung eine Helden- oder Dämonentat sein wird. Diese voneinander zu unterscheiden ist nicht unbedingt einfach. Denn die Tat an sich sagt nicht viel über ihre Bedeutung für den einzelnen Menschen aus.

Stellen Sie sich beispielsweise vor, ein Mensch A will die Qualitäten Ruhe und Entspanntheit verwirklichen. Das ist sein Heldenziel, und der Glaubenssatz der Heldengestalt lautet »Freude ist wichtiger als Geld«.

Nun bieten wir A ein großartiges Geschäft an, das allerdings neben einer Menge Geld auch viel Hektik mit sich bringt, beispielsweise die Organisation eines großen Kongresses gegen ein Honorar von einhunderttausend Euro.

Wird A diesen Auftrag annehmen? Wenn ja, dann weil ihm sein Dämon einflüstert: »So eine gute Gelegenheit wird sich nie wieder bieten. Nimm den Job, entspannen kannst du später noch, wenn alles vorbei ist.« Oder wird A das verlockende Angebot ablehnen und damit seinem Helden und dessen Überzeugung »Freude ist wichtiger als Geld« treu bleiben? Wer wird entscheiden?

Ein anderer Mensch, nennen wir ihn B, verfolgt ganz andere Ziele. Seine Heldengestalt will in die Welt hinaus und beweisen, wozu sie fähig ist. Auf seiner Fahne stehen die Worte: »Zeige, was du kannst.« Wir bieten ihm die gleiche Arbeit, den Kongress zu organisieren, an.

Wird er die Herausforderung annehmen und damit seinen Heldentraum verwirklichen, oder wird er sie ablehnen und dem Dämon folgen, der ihm einredet: »Das kannst du nicht, du wirst versagen, bleibe bei deinen Leisten«? Wer wird entscheiden?

Die Unterscheidung von Helden- und Dämonentat ist deshalb diffizil, weil nicht allgemein gültige, sondern einzig und allein individuelle Maßstäbe dafür ausschlaggebend sind. Es gibt nicht die richtige Tat, den richtigen Glaubenssatz, die richtige Losung, das richtige Ziel – es gibt nur die für diesen ganz bestimmten Menschen in dieser ganz bestimmten Lage richtigen Überzeugungen und daraus resultierende Taten.

Heldenhaft zu sein bedeutet also für jeden Menschen etwas anderes. Trotzdem gibt es einige Hilfsmittel, mit denen man Dämonen entlarven kann. Ängste und Zwänge, die Werkzeuge der Dämonen also, zeigen sich nämlich schon in der Wortwahl.

Wenn jemand beispielsweise Worte wie »Ich muss ... Ich darf nicht ... Ich soll ... Man muss ... Man soll ... « gebraucht, haben sehr wahrscheinlich Dämonen ihre Finger im Spiel. Hinter dem Muss versteckt sich die Drohung »sonst«. Dann gilt es vorsichtig zu sein, denn der Dämon lässt mit seinem Muss nur eine einzige Wahl, und man wird Opfer seiner Eindimensionalität. Dann muss es »dieses Auto« oder »dieses Haus« oder »dieser Mann« sein.

Helden sind niemals eindimensional. Sie können, aber sie müssen nicht. Beispielsweise kann der Dämon eines Sportlers fordern: »Du musst der Beste sein« und auch vor dem Gebrauch von Anabolika und anderen schädlichen Mitteln nicht zurückschrecken, »sonst ... wirst du verlieren«. Hingegen wird der Held der Überzeugung sein: »Du kannst dein Bestes geben, aber nicht um jeden Preis. Achte auf deine Gesundheit.« Die Heldentat läge in diesem Fall darin, die Gesundheit zu bewahren und auf Ruhm zu verzichten.

Dämonen beherrschen die Kunst der Tarnung. Ich erinnere mich an eine Frau, die unter der Verbissenheit litt, mit der sie alle Angelegenheiten tat. Sie versuchte, alles »richtig« und »total« zu machen. Ihr Dämon trug den Namen »Perfektion«.

Nachdem sie im Laufe ihres Lebens unter diesem Zwang gelitten hatte, entdeckte sie nun hinter den Symbolen der Perfektion eine starke Sehnsucht danach, loszulassen und zu entspannen, denn »wenn alles perfekt ist, kann ich mich ausruhen, dann ist alles gut. Dann kann ich die Dinge geschehen lassen«! Der Lebenstraum dieser Frau lautete »Gelassenheit«. Als sie dies erkannte, fasste sie einen neuen Vorsatz:

»Jetzt höre ich mit der Perfektion auf. Ab jetzt mache ich alles nur noch auf leichte und entspannte Weise.«

»*Wenn schon leicht, dann aber ›alles nur noch‹, wenn schon ge-lassen, dann aber ›total‹, sozusagen ›perfekt‹*«, bemerkte ich.

Die Frau musste lachen. Der neue Plan war der alte, denn der Dämon hatte entschieden, wie Gelassenheit zu geschehen habe.

Ein Dämon könnte den Satz formulieren: »Wenn ich schon nichts Besonderes sein kann, dann will ich wenigstens ein biss-chen normaler sein als andere!« – und hoffen, unentdeckt zu bleiben.

Demut vor sich selbst

Wer in seinem Leben etwas Neues erleben will, sollte nicht selbst entscheiden wollen. Er sollte die Entscheidung der Gestalt aus der Zukunft, der Traumfigur, dem Helden überlassen.

Wenn eine wichtige Entscheidung dem Helden überlassen ist, enthält sie die Zukunft.

Das erfordert viel. Nämlich die Bereitschaft, sich dem eigenen Unbewussten anzuvertrauen, sich vor dem individuellen My-thos zu beugen und das Leben in die Hände der Traumgestalt zu legen. Es bedeutet Demut vor dem Teil von sich selbst, der weiß, was das Leben erfüllen wird. Lebensträume sind mächtiger als bewusste Absichten. Sehnsüchte beherrschen den Menschen un-abhängig davon, was er zu wollen glaubt.

Ein Freund, ein guter Schauspieler, ärgert sich regelmäßig über den kommerziellen Erfolg einiger Kollegen.

»Wir haben zusammen auf der Schauspielschule angefangen. Doch nach einigen Jahren sind die an mir vorbeigezogen und machen jetzt richtig Geld. Und das mit dem letzten Mist«, lautet seine Klage.

»Dann mach ähnliche Sachen«, schlug ich ihm vor.

»Ich will mich aber nicht verkaufen. In mir sträubt sich alles dagegen.«

Es lag auf der Hand, dass sein individueller Mythos nicht auf kommerziellen Erfolg abzielte. Es ging für ihn weniger um Ruhm und Geld, viel mehr ging es um Wahrhaftigkeit. Gegen dieses tiefere Ziel kam auch sein bewusster Wunsch nach Anerkennung und Geld nicht an, und ihm blieb nichts anderes, als sich der Macht seines Mythos zu beugen, der sich gegen Oberflächlichkeit sträubte.

Ein Künstler erzählte in einem Seminar von seinem Lebenstraum, ein Haus mit Atelier in der Toscana zu kaufen. Dafür, so war ihm deutlich, müsste er jedoch eine ganze Reihe von Auftragsarbeiten erledigen. Im Laufe des Tages schälte sich sein individueller Mythos heraus, den er einen Zustand von »Sinnlichkeit« nannte. Er sprach von »der Umgebung der Toscana, den Gerüchen, der Stille, dem Atelier. All dies ist nährend für mich.« Bei dem Stichwort »nährend« fiel ihm auf, dass er zwei Sorten Arbeiten macht, nämlich »solche, die ich wegen des Geldes mache, und solche, nach denen ich mich genährt fühle«. Seine Heldengestalt nannte er »Sinnsucher«.

Dieser Held will nicht unbedingt mehrere Jahre mit erschöpfenden, weil sinnleeren Arbeiten verbringen, um sich dann ein Haus in der Toscana kaufen zu können. Auch hier wäre die Lösung, dem »Sinnsucher« die Entscheidung über Auftragsannahmen zu überlassen.

Solche Demut den inneren Zielen gegenüber zu zeigen ist etwas für Mutige. Für solche, die mutig genug sind, Angst zu konfrontieren.

Der Angst Tribut zollen

Der Held entscheidet, und dadurch kommt er an die Grenze, wo der Wächter der Schwelle, der Dämon, ihm den Weg versperrt. Dort hängt er manchmal hoffnungslos fest, weil die Angst einfach zu groß ist. Man traut sich einfach nicht, den Helden handeln zu lassen. Dann muss man »vom Blute des Dämonen schmecken«, um in den Worten von J. Campbell zu sprechen.

Wenn es keinen Millimeter weitergeht, muss man dem Dämon entgegenkommen. Wenn es beispielsweise darum geht, eine bessere Arbeit zu finden, lautet die Warnung des Dämons womöglich »Kündige den Job nicht, sonst wirst du auf der Straße liegen. Du wirst frieren und hungern«. Wenn man genau hinhört, erkennt man die gute Absicht des Dämons. Er macht sich Sorgen.

Wenn man diese Sorgen nicht ignorieren kann, weil tatsächlich kein Geld auf dem Sparbuch ist, muss man die positive Absicht des Dämons anerkennen. Man muss ihm sagen: »Ich erkenne deine Absicht an und sehe ein, dass du mir Gutes tun willst. Es ist in der Tat wichtig, nicht zu frieren und nicht zu hungern. Dann lass uns doch Wege suchen, einen neuen Job zu finden und dabei warm und satt zu bleiben.«

»Vom Blute des Dämonen schmecken« meint, die Absicht seiner Tat zu berücksichtigen, nicht aber die Tat selbst gutzuheißen. Wenn man ein Verhalten nicht ändern kann, muss man es nutzen. Dies geschieht, indem man der Absicht des Dämons Rechnung trägt. Dann bleibt der Held die mächtigere der beiden Gestalten, und er besänftigt den Dämon.

Wenn der Dämon seine Absicht berücksichtigt sieht, gibt er den Weg frei und stellt darüber hinaus seine Kraft zur Verfügung. Damit ist die Lebenskraft nicht länger in der Angst gebunden und steht dem Helden zur Verfügung.

Ein Beispiel hierzu. Eine Frau wird von ihrem Mann unter Druck gesetzt, mit ihm nach Spanien auszuwandern. Der Mann möchte das, weil ihm die Menschen und das Leben dort lockerer und fröhlicher erscheinen, und die Frau hat bei einem Spanienaufenthalt festgestellt, dass sie diese Empfindung teilt. Im Grunde möchte sie dem Mann folgen, der sagt »Lass uns einen Strich ziehen, alles verkaufen und weggehen«.

An diesem Punkt stellt sich der Frau ein Dämon in den Weg. Er warnt davor, ins Ungewisse zu gehen, und will sie zum Bleiben bewegen. »Geh nicht, verkaufe nicht, hier bist du sicher, hier weißt du, was du hast.« Seine Absicht besteht darin, materielle Sicherheit zu gewährleisten und einem möglichen sozialen Abstieg vorzubeugen.

Da er die Frau nicht vorbeilässt, muss die Absicht des Dämons nun anerkannt und berücksichtigt werden. Die Frau entschließt sich dazu, mit ihrem Mann zu gehen, aber das Haus zu behalten und es zu vermieten. Dadurch ist zwar weniger Geld für den Start in Spanien da, aber das ist für sie die einzige Möglichkeit, ihren Heldenweg fortzusetzen. Ihre Entscheidung ist weise.

Wer die gute Absicht des Dämons herausfindet und berücksichtigt, wer also »von seinem Blute schmeckt«, kann scheinbar unüberwindliche Ängste überwinden.

Hat ein Mensch dem Helden eine wichtige Entscheidung überlassen und hat er notfalls vom Blute des Dämonen geschmeckt, sind die Würfel gefallen.

Die Entscheidung steht, und sie stellt auf jeden Fall einen Schritt in eine neue, unbekannte Richtung dar. Doch damit ist der Prozess der Lebensgestaltung nicht beendet. Denn nun gilt es zu prüfen: »Wie ergeht es mir damit?«

Wach mit Entscheidungen leben

Hat man die Richtung einer Entscheidung geprüft und den Helden die Entscheidung treffen lassen, notfalls den eigenen Ängsten Tribut gezollt und dann mutig gehandelt, befindet man sich auf dem Weg zum Ziel.

Man hat sein Bestes getan, mehr kann man nicht tun. Jetzt geht es darum, Erfahrungen zu machen. Diese Erfahrungen werden zeigen, was die Tat wirklich mit sich bringt oder ob man Richtung und Handlung verändern muss.

Der Held hat ein Ausgangssymbol in ein Wahlsymbol verwandelt und damit ein vages, fantastisches Lebensziel in konkrete, greifbare und individuelle Taten. Doch ob sich der ersehnte Daseinszustand einstellt, das muss sich noch erweisen. Es gilt nun also, auf dem Weg zum Ziel wachsam zu bleiben.

»Wach sein mit einer Entscheidung« bedeutet, ihre tatsächlichen Auswirkungen auf das Leben zu verfolgen. Dies geschieht durch die Beantwortung einer einfachen, aber wirkungsvollen Frage. Sie lautet: Wie geht es mir (tatsächlich) damit?

Dazu ein Praxisbeispiel. Es handelt sich um einen Manager, der zwei Jahre, nachdem er in den Vorstand seines Unternehmens berufen worden war, zu mir kam. Der Mann war am Ziel seiner (äußeren) Lebensträume angekommen, aber ...

»Es bringt so vieles mit sich, das ich nicht will. Ich muss einen Wagen mit Chauffeur fahren und bei gesellschaftlichen Anlässen auftreten. Dann musste ich in ein Millionärsgetto umziehen. Das alles empfinde ich als Kontrolle und als einen Eingriff in meine

Lebensweise, die ich in diesem Ausmaß vorher nicht kannte. Und schließlich mache ich keine echte Arbeit mehr; aber gerade das hat mich früher ausgefüllt.«

»Wie hatten Sie sich Ihre Arbeit im Vorstand denn vorgestellt?«, wollte ich wissen.

»Meine Erwartung war, dass ich mehr bewegen könnte. Das trifft aber nur in kleinem Ausmaß zu. Das Unternehmen ist eine Aktiengesellschaft, die zum großen Teil einer anderen Aktiengesellschaft gehört. Im Grunde genommen gehört die Firma damit keinem, und den Vorständen ist eigentlich gleichgültig, was geschieht. Wichtig ist nur, dass sie gut dastehen.«

Wenden wir die Wach-sein-Frage »Wie geht es Ihnen damit«? auf das erreichte Ziel an. Der Mann kann diese Frage beantworten.

»Ich langweile mich, bin unausgefüllt, enttäuscht und genervt. Dieses Leben für den Anschein und das Image widerstrebt mir und macht mich eigentlich krank.«

Etwas hat sich verwirklicht, aber es ist nicht das, was der Mann sucht. Er hat ein Ziel erreicht, aber dieses hat sich nicht als das innere Ziel erwiesen. Der individuelle Mythos ist unerfüllt, weil das äußere Symbol sein Versprechen nicht hielt. Wir befassten uns daher eingehender mit dem Mythos dieses Mannes, der sich als »Wahrhaftigkeit« offenbarte.

»Ich will hinter den Dingen stehen, die ich tue, will in dem vorkommen, was ich mache, und von meiner Arbeit überzeugt sein. Alles andere ist mir zu hohl.«

Der Mann entschied sich daraufhin, seinen Vertrag als Vorstand auslaufen zu lassen und wieder echte Arbeit zu tun. Wenn er dies macht, korrigiert er seine Entscheidung und begeht eine echte Heldentat. Denn auch, wenn alle anderen Menschen sagen werden: »Wie kannst du so einen guten Job aufgeben?«, wird er nur auf diese Weise seinem individuellen Mythos treu sein können.

Um Entscheidungen in Richtung auf den individuellen Mythos hin zu überprüfen, braucht man also lediglich die Frage »Wie geht es mir tatsächlich damit?« zu beantworten. Wie wirken sich meine Taten auf die Qualität meines gegenwärtigen Lebens wirklich aus? Komme ich dem ersehnten Zustand näher, oder entferne ich mich davon?

Solche Fragen sind nicht unbedingt leicht zu beantworten, denn die Betonung liegt auf dem Wort *tatsächlich*. Die Erfahrung zeigt, dass Menschen mitunter große Schwierigkeiten haben, die Realität zu erkennen. Denn leichter als zu sehen, wie es sich tatsächlich mit einer Entscheidung lebt, ist es zu träumen, dass »eines Tages« alles besser wird. Sonst müsste man eine Vorstellung aufgeben; und das fällt oft sehr schwer.

Die Antwort auf die Wach-sein-Frage erfordert also Ehrlichkeit sich selbst gegenüber. Man muss in der Lage sein, Enttäuschungen oder Irrtümer einzugestehen. Die Antwort auf die Wach-sein-Frage erfordert zusätzlich den Mut zur Korrektur einer Entscheidung oder zur Umkehr auf dem eingeschlagenen Weg.

Ein Rechtsanwalt muss nach einigen Jahren Berufstätigkeit erkennen, dass »ich zwar viel Geld mache, aber es mir immer schwerer fällt, mich an den Schreibtisch zu setzen. Es befällt mich eine Art Dauermüdigkeit, die verschwindet, sobald ich einige Tage Abstand vom Beruf finde. Ich beginne zu begreifen,

dass diese Arbeit nicht das Richtige für mich zu sein scheint.«
Dieser Mann hat den Mut zum Eingeständnis, dass das Symbol
Rechtsanwalt mehr schien, als es darstellt.

Menschen machen sich erstaunlich wenig Gedanken darüber,
wie es ihnen mit einmal getroffenen Entscheidungen *tatsächlich*
geht. Dabei wächst die Bereitschaft zur Verdrängung der Realität parallel zu der Bedeutung, welche die Entscheidung einmal
hatte.

Kleinigkeiten lassen sich leicht korrigieren. Bei grundlegen-
den Entscheidungen, wie sie beispielsweise durch Berufs- oder
Partnerwahl getroffen werden, scheint es schwieriger und mit
größerem Risiko behaftet, die Frage nach dem Befinden zu
stellen. Denn das erfordert möglicherweise unbequeme Konsequenzen.

Eine Frau Mitte Dreißig unterhielt seit Jahren eine funktio-
nierende Beziehung zu ihrem Freund. Da beide in verschiedenen
Städten wohnten, entstand nach und nach die Sehnsucht nach
mehr Nähe. Schließlich gab sich die Frau einen Ruck und entschloss sich, zum ersten Mal in ihrem Leben mit einem Mann in
einer gemeinsamen Wohnung zu leben. Nach einem Jahr kam
sie zu folgender Einschätzung:

*»Es ist zwar schön, aber es wird auch alltäglich. Die Spannung lässt
nach. Ich freue mich weniger auf ihn, weil er selbstverständlich da
ist. Gleichzeitig fange ich an, mich zu viel um ihn zu kümmern.
Ich mache mir seine Gedanken, fühle mit, verliere Abstand zu ihm.
Darüber werde ich manchmal aggressiv und verhalte mich dann
willkürlich. Ich habe den Eindruck, dass die Qualität unserer Beziehung schwindet, und das bedrückt mich. Ich denke, er sollte wieder
ausziehen und sich hier in der Nähe eine eigene Wohnung nehmen.«*

An diesem Punkt taucht mit der Erkenntnis »Es bedrückt mich« ein neuer Traum auf, die Vorstellung von Abstand in relativer Nähe – beide haben getrennte Wohnungen, die aber nahe beieinander liegen. Vielleicht ist diese Lösung für das Paar eine adäquate Form, eine lebendige Beziehung zu führen. Mit diesem neuen Traum weist der individuelle Mythos auf die Notwendigkeit einer Korrektur des Weges hin. Und damit beginnt eine neue Heldenaufgabe.

Wozu man sich auch entscheidet – selbst die Entscheidung für ein gewähltes Symbol stellt einen Plan dar und nimmt somit Entwicklungen vorweg. Möglicherweise offenbart der individuelle Mythos unterwegs neue Fassetten, die man bisher nicht sehen konnte. Dann kann der Plan zum Hindernis werden, und man sollte darauf achten, welche neuen Träume entstehen.

Wenn man das Leben als großes Experiment ansieht, werden viele Veränderungen leichter fallen. Im Grunde genommen experimentieren Menschen unentwegt. Sie nennen ihre Taten nicht Experimente, sondern »Vorhaben«, »Absichten« oder »Pläne«, aber das ändert nichts daran, dass sie niemals mit Sicherheit sagen können, was geschehen wird und wie es ihnen mit ihren Entscheidungen ergehen wird.

Wer sich aber die Frage »Wie geht es mir damit?« ernsthaft stellt und beantwortet, wird auf der Spur des individuellen Mythos bleiben und sich unterwegs nicht allzu sehr verirren.

Die Kraft des Lebens

Das Leben hat immer etwas Neues zu bieten, und es gibt noch vieles zu erfahren. So werden Menschen nie aufhören zu träumen und immer versuchen, diese Träume in der äußeren Welt zu realisieren. Und sie werden bei diesen Versuchen stets auf Hemmungen, Ängste und Grenzen stoßen.

Auf dem Weg durchs Leben zu sein bedeutet, Hindernissen und Schwierigkeiten zu begegnen, Erfolge zu feiern sowie Rückschläge zu erleiden. Es bedeutet Abenteuer. Das Abenteuer des Lebens.

Wofür werde ich meine Kraft gebrauchen? Werden meine Handlungen »die Kraft des Lebens« erfüllen oder brechen? Werde ich tun, was »die anderen« erwarten oder was mir Erfüllung bringt? Werde ich lebendig sein?

Befassen Sie sich für einen Moment mit folgender Frage: *Wie weiß ich, dass ich lebendig bin? Wie weiß ich, dass ich lebe?*

Ich atme – ich schaue mich um – ich sehe – ich höre – ich fühle – ich rieche – ich bewege mich – ich spüre meinen Körper – ich träume – ich habe Kontakt zu Menschen – ich habe Verbindung zur Natur. All dies geschieht jetzt und hier, in diesem Augenblick.

Der Mensch ist nicht lebendig, wenn er reich ist, schön ist, Erfolg hat, Mercedes fährt, zehn Zentimeter weiter springt, fünf Goldmedaillen besitzt, sein Leben nach Vorstellungen anderer richtet oder Ähnliches. Der Mensch ist lebendig, wenn er die Kraft des Lebens in sich spürt.

Die Kraft des Lebens teilt sich durch den individuellen Mythos mit. Er hält lebendig, denn er zeigt jedem Menschen, was er sucht, braucht, will. Er hält ihn in Bewegung und gibt seinem Leben Richtung und Sinn.

Der individuelle Mythos fordert den Menschen auf, in ständiger Auseinandersetzung zwischen Held und Dämon, zwischen Lust und Angst, zwischen Zukunft und Vergangenheit den für ihn richtigen Weg zu finden.

Held und Dämon begleiten einen Menschen durch sein ganzes Leben. Auch wenn die Inhalte ihrer Auseinandersetzung sich ebenso wie ihre Namen und Erscheinungen verändern mögen – die Dynamik des Ringens zwischen der Lust auf … und der Angst vor … wird den Menschen begleiten. Bis dann am Ende des Weges schließlich das letzte große Abenteuer vor ihm liegt.

Einen Freund an der Seite haben

So wandern Menschen zwischen Innen und Außen, zwischen Symbolen und ersehnten Zuständen auf der Suche nach Glück durch das Leben. Und je näher das Ende kommt, desto deutlicher wird, worum es in diesem Leben geht.

Das tiefe Lebensziel des Menschen, sein Lebenssinn, wird dann besonders deutlich, wenn Menschen erfahren, dass sie in absehbarer Zeit sterben werden.

Natürlich kann jeder in jedem Augenblick sterben, aber diese Möglichkeit kommt im Bewusstsein nur am Rande vor. Jeder ist davon überzeugt, noch eine ganze Weile zu leben. Man kann getrost sagen: In Bezug auf den Tod schlafen die Menschen. Wenn dann der Tod anklopft, werden sie wach.

Die Gewissheit, zu sterben, stellt direkten Kontakt mit dem individuellen Mythos her. Derjenige realisiert, dass nur noch wenig Zeit bleibt, und zugleich tritt damit die Wichtigkeit der gesuchten Lebensqualität hervor. Menschen, die um ihren nahen Tod wissen, stellen sich Fragen, die lange Zeit keine Rolle spielten.

Was muss ich noch erleben, um in Frieden sterben zu können? Welches Erleben versöhnt mich mit dem Tod?

Ich erinnere mich in diesem Zusammenhang an eine etwa fünfundvierzigjährige Frau, die nach unserer letzten Begegnung nur noch zwei Monate lebte. Sie sagte: »Das Schlimmste ist, dass ich jetzt schon gehen muss, ohne jemals ganz da gewesen zu sein.« Diese Frau hatte ihr Leben nach dem Muster »später einmal kann ich ja …, jetzt will ich erst mal …« ausgerichtet, und nun schien es (fast) zu spät.

Eine Möglichkeit, mit Sterbenden umzugehen, ist, ihnen zu helfen, in der verbleibenden Zeit das zu erleben, was sie noch erleben müssen, um in Frieden sterben zu können. Es geht quasi darum, den individuellen Mythos direkt, ohne Umwege zu verwirklichen und Momente im gesuchten Zustand zu erleben.

Es scheint so, dass Menschen angesichts des Endes eine Abkürzung zum individuellen Mythos finden. Symbole verlieren an Bedeutung, und Erlebensqualität wird wichtiger. Plötzlich sind Besitz, Titel, Ansehen, Anerkennung und Erfolg uninteressant.

Angesichts des Todes weicht das Haben dem Sein.

Insofern gerät der Tod zum Freund an der Seite des Menschen. Ängste verlieren an Bedeutung. Die Bereitschaft wächst, Grenzen zu überschreiten, vor denen man bisher stehen blieb. Was kümmert angesichts des Todes die Meinung anderer? Was bedeuten Image, Ansehen, Anerkennung dann noch? Was soll das Haus? Das Geld? Der Ruhm?

Der nahe Tod erinnert daran zu leben.

Zu einer solchen Erinnerung gibt der moderne Alltag zwar selten Gelegenheit, aber man kann sich diese Erinnerung verschaffen. Ich tue es seit beinah zwanzig Jahren einmal jährlich, wenn ich im Rahmen eines unserer Seminare ein zweitägiges Sterberitual durchführe.

Während die Teilnehmer Schritt für Schritt vom Leben Abschied nehmen, wird deutlich, wofür es sich zu leben lohnt. Und immer sind es die einfachen Dinge, die in solchen Momenten in den Vordergrund treten und an Bedeutung gewinnen. Menschen, die Liebe, die Natur. Sich spüren. Den Wind einatmen. Die Sonne fühlen. Jemanden anlächeln. Weinen. Spüren, was Leben und Lebendigsein bedeuten.

Die Gegenwart des Lebens wahrnehmen – ein Geschenk Lebendig sein – eine Freude. Die im Sterberitual gesuchte Konfrontation mit dem Ende ist nicht belastend. Es ist im Gegenteil befreiend, sich an die Endlichkeit des Lebens zu erinnern. Es hilft dabei, die wichtigen Dinge im Auge zu behalten und den Ballast abzuwerfen.

Natürlich gibt es andere Möglichkeiten, sich zu erinnern. Eine Frau verriet mir ihr persönliches Rezept gegen Angst und für Authentizität. Sie sagte: »Wenn ich eine wichtige Entscheidung zu treffen habe, stelle ich mir vor, achtzig Jahre alt zu sein. Dann schaue ich auf mein Leben zurück. Ich sehe rückblickend, was wichtig für mich war, und stelle mir vor, ich hätte es nicht getan. Wenn diese Vorstellung unangenehm ist, dann tue ich es. Das hilft mir über die Angst.«

Es ist die Angst, Lebensträume zu verwirklichen, die vom Leben abhalten kann. Vielleicht reichte es »früher« aus, für den gesellschaftlichen Mythos zu leben. Vielleicht genügte es, den Zielen zu folgen, die alle hatten. Heute jedoch gibt vor allem sein eigener Traum dem Leben eines Menschen Sinn und Richtung.

Heute kann man eine im Vergleich zu »damals« erstaunliche Feststellung machen. Man kann jedes äußere Symbol fallen lassen, und das hat wenige Auswirkungen auf das Leben. Aber wer den Traum hinter dem Traum aufgibt, wer seinen individuellen Mythos verrät, schränkt etwas sehr Wichtiges ein oder verliert es sogar: die Lust am Leben.

Sinnlosigkeit und Orientierungslosigkeit sind Namen für diesen Zustand, in dem die Lebenskraft geknickt, erstickt oder gebrochen wird. Menschen erleben solche Zustände, wenn sie sich über lange Zeiträume hinweg mit etwas abfinden, etwas aushalten oder an etwas anpassen, das ihnen nicht entspricht. Wenn sie nicht den Mut finden, Helden ihres Lebens zu sein.

Doch es ist möglich, sein Leben in die Hand zu nehmen, oder besser gesagt es in die Hände des individuellen Mythos zu legen. Der Lohn sind Lebendigkeit und Kraft im Herzen.

So kann ich die Botschaft dieses Buches in einigen Worten zusammenfassen: Was ein Mensch sucht, kann er nicht einfach »bekommen«. Bekommen und haben kann er nur äußerliche Dinge. Was er tief innen sucht, will erschaffen werden. Und weil diese Aufgabe zu groß für ihn ist, sollte er sie jemand anderem überlassen – dem Helden, dem Botschafter seines individuellen Mythos.

Kapitel 4: Ermutigungen

In diesem Kapitel beschreibe ich, wie scheinbar ganz alltägliche Vorgänge und entmutigende Entwicklungen die Handschrift des individuellen Mythos tragen können.

Die Beispiele des Buches zeigen, wie der individuelle Mythos das Leben in erstaunlichem Ausmaß organisiert. Niemand entkommt ihm, und wer den Kontakt zu ihm vermeidet, wird nicht selten unfreiwillig in seine Entwicklung geführt.

Seinem individuellen Mythos ist ein Mensch tatsächlich ausgeliefert. Und das ist gut so, denn so ist er sich selbst ausgeliefert, dem Teil von ihm, der weiß, wohin sein Leben gehen soll und wie Erfüllung zu finden ist.

Lassen Sie mich im letzten Kapitel einige Anregungen zum Umgang mit »alltäglichen« Herausforderungen geben, denen Helden begegnen und deren Bewältigung sie reifen lässt.[3]

Urteile und Wertungen

Ein Ziel vor Augen, glaubt man, dass etwas Bestimmtes geschehen sollte – nämlich das Erwartete. Geschieht es, stimmt man dem Leben zu und findet die Ereignisse richtig, geschieht es nicht, lehnt man sie als falsch ab. Doch solche Bewertungen und Urteile verdecken den Blick auf das, was tatsächlich oder auch noch geschieht.

Wenn man das Leben als Entwicklung begreift, ist die Bewertung einzelner Ereignisse wenig sinnvoll. Denn wer weiß schon auf Anhieb, wozu ein Ereignis gut ist?

---

[3] Wer an solchen Themen mit sich selbst weiterarbeiten will, dem sei das Buch von Mary/Nordholt: *Selbsterforschung* empfohlen.

Die Konstruktionsabteilung einer Firma gewann geschlossen einen Wochenendflug nach Paris. Welch ein Glück! Doch auf halbem Wege stürzte das Charterflugzeug ab, und alle Insassen kamen um. Welch ein Unglück!

Ein Mann hatte »das große Glück« gemacht. Er machte mit einem Schwarzgeschäft Millionen und legte das Geld sicher in ein Bankwertfach. Es war dies die bisher einzige Bank, in der in einer Nacht alle Wertfächer aufgebrochen wurden. Welch ein Pech!

Man glaubt zu wissen, aber man kann nur bis zur nächsten Wegbiegung schauen. Wie es weitergeht, bleibt verborgen. Ich möchte aus der Erinnerung eine kleine Geschichte erzählen, von der ich nicht mehr weiß, wo ich sie hörte, und die viel über den Sinn von Wertungen aussagt.

Es war einmal ein alter Mann. Der lebte mit seinem Sohn in einem Dorf und war Bauer. Eines Tages lief ihm ein Hengst zu, so schön wie noch keiner gesehen wart. Da riefen alle Dorfbewohner: »Du Glücklicher, jetzt bist du reich!« Doch der Mann sagte nur: »Ich weiß nicht, ob es gut oder schlecht ist, ich weiß nur, dass dieser Hengst in meinem Stall steht.« Da hörte der König von diesem Hengst und wollte ihn für einen Sack Gold kaufen. Doch der Mann sprach: »Ich kann ihn nicht verkaufen«, und der König zog ab. Am nächsten Tag zog auch der Hengst seines Weges.

»Du Unglücklicher«, riefen da die Dorfbewohner, »du hättest bis ans Ende deiner Tage von dem Golde des Königs leben können.« Doch der Mann blieb dabei: »Ich weiß nicht, ob es gut oder schlecht ist, ich weiß nur, der Hengst ist weg.« Am folgenden Vollmond kam der Hengst zurück und mit ihm eine kleine Herde wunderschöner Pferde. Und wieder riefen die Dorfbewohner: »Du Glücklicher, jetzt hast du noch mehr Pferde!« Der Mann wiederholte seinen Satz: »Ich weiß nicht, ob es gut oder schlecht ist. Ich weiß nur, dass der Stall jetzt voller Pferde ist.«

Tags darauf ritt der Sohn des Mannes und fiel vom Pferd, wobei er sich das Bein brach. »Du Unglücklicher«, riefen die Dorfbewohner, »jetzt ist Erntezeit, und wir haben keine Zeit, dir zu helfen. Du wirst Hunger leiden.« »Ich weiß nicht, ob es gut oder schlecht ist«, sagte der Mann in aller Ruhe, »ich weiß nur, dass mein Sohn ein gebrochenes Bein hat.« In der folgenden Woche kamen die Häscher des Königs und sammelten alle jungen Männer ein, denn es gab Krieg. Nur den Sohn des Bauern konnten sie wegen seines Beines nicht mitnehmen. »Du Glücklicher«, riefen da die Dorfbewohner, »wir werden unsere Söhne verlieren, aber du wirst deinen behalten.« Da sagte der Mann: »Ihr lernt es wohl nie.«

Ich fühle mich oft in der Lage der Dorfbewohner und glaube zu wissen, was gut oder schlecht ist. Doch man weiß nie! Ob ein Ereignis Glück oder Unglück bedeutet, kann man erst hinterher sagen. Wenn eine Entwicklung abgeschlossen ist, sieht alles anders aus. Dann sagt man über das Ende einer Beziehung: »Gut, dass wir uns damals getrennt haben. Es hat mich zu einem besseren Partner geführt«, oder über einen finanziellen Zusammenbruch: »Gut, dass ich damals mit der ganzen Firma pleite gegangen bin. Es hat mich dazu gebracht, auf die schönen Dinge im Leben zu achten, anstatt nur zu arbeiten.«

Wenn etwas als richtig oder falsch angesehen wird, bezieht sich diese Wertung nicht selten auf äußere Symbole. Dann ist man vom Schein geblendet und sieht nicht, was tatsächlich passiert.

Ein junger Mann studierte mit Begeisterung das Fach Modedesign. Er glaubte, sein Ziel bestünde darin, einmal viel Geld zu verdienen. Dann erbte er mehrere Häuser in München und besaß mit einem Mal Millionen. Nun hatte er Geld und brauchte nicht weiter zu studieren. Er brach sein Studium ab und machte fortan »in Spekulationen«. Nach zwei Jahren brach er ein. Mit dem Geld wusste er nichts Rechtes anzufangen. Sein Leben erschien ihm zunehmend sinnloser, er wurde träge und körperlich aufgedunsen. Er begriff, dass es bei seinem Studium nicht um Geld, sondern um Kreativität und die Umsetzung eigener Ideen gegangen war. Gerade, weil er als Student arm war, war es eine besondere Herausforderung gewesen, aus sich selbst heraus erfolgreich zu werden. Er sagte: »Selbst wenn ich jetzt mein Geld nehme und Design mache, wird es nicht mehr dasselbe sein.«

Stimmt. Das Abenteuer ist weg. Diese Erfahrung fehlender Herausforderung und damit relativer Sinnlosigkeit machen viele der jungen Menschen, die erben, ohne etwas für ihr Vermögen getan zu haben. Ist das nun Glück?

Wenn auf dem Weg etwas scheinbar Schlechtes geschieht, also etwas, das sich gegen die eigene Vorstellung richtet, breitet sich Unsicherheit aus. Man wird anfällig für Ängste und denkt daran, aufzugeben. Die Dämonen triumphieren, sie haben es ja gleich gesagt. »Siehst du, es klappt nicht, lass es doch sein.«

Doch bei der Beurteilung seiner Ziele darf man nicht auf Dämonen hören. Sie hängen an Ausgangssymbolen fest. Wenn beispielsweise der Mann aus einem der vorigen Beispiele es ablehnte, im Vorstand seines Unternehmens zu bleiben, war das, bezogen auf das Ausgangssymbol, sicherlich ein Misserfolg.

Bezogen auf den Kernwunsch, bezogen auf die gesuchte Lebensqualität, bezogen auf das Heldenziel jedoch hat der Mann gewonnen. An Wahrhaftigkeit, an Stimmigkeit, an Einfachheit und Lebensfreude.

Versagen – vom Aufgeben der Lebensträume

Es ist wahr – die meisten Menschen werden nie eine Olympiade gewinnen, nur einer wird der reichste Mann der Welt sein, nur einer Bundeskanzler werden, nur wenige werden es bis zum Milliardär schaffen, und nur einer wird zur gleichen Zeit Claudia Schiffer heiraten.

Doch all diese Dinge sind rein äußerlich. Für sich genommen, bedeuten sie gar nichts. Vieles Äußerliche wird man nie erreichen, aber es gibt keinen Grund, warum der individuelle Mythos nicht verwirklicht werden sollte. Es gibt keinen Grund, warum man nicht Leichtigkeit, Wahrhaftigkeit, Entspannung, Selbstbewusstsein, Einfachheit, Verbundenheit, Glückseligkeit … erleben sollte.

Der einzige Grund dafür wäre man selbst, indem man sich abhält, seine Kraft zur Erfüllung des Lebens zu gebrauchen.

Im Leben versagen kann man nur in Bezug auf äußere Ziele. Bezogen auf innere Ziele gibt es keinen Grund, aufzugeben.

Wenn es um den individuellen Mythos geht, darf man den Erfolg keinesfalls am Symbol messen, sondern an der erfahrenen Lebensqualität.

Ein Musiker mag davon träumen, »viele Platten zu verkaufen«. Der Kern dieses Traumes mag lauten »sich mitteilen, Gefühle ausdrücken«. Selbst wenn der Mann nur wenige Platten verkauft, kann sein individueller Mythos erfüllt sein. Hat er sich mitgeteilt? Ist sein Herz in die Musik geflossen? Dann ist sein Mythos erfüllt, selbst wenn die materielle Anerkennung ausbleibt.

Wenn »die anderen« den Maßstab abgeben, dann ist man selbst allzu oft Versager. Denn es kann immer nur einer als Sieger durchs Ziel gehen. Allgemeine Wertungen und Urteile stellen sich demzufolge immer gegen den individuellen Mythos. Wer ihm trotzdem treu bleibt, geht das Risiko ein, von denjenigen kritisiert zu werden, die äußerliche Symbole anbeten. Wer aber nichts auf das Urteil dieser Menschen gibt, hat ein großes Stück Freiheit gewonnen.

In der Südsee soll es eine Insel geben, auf der Fußball nach ganz besonderen Regeln gespielt wird. Dort muss die führende Mannschaft ihre beiden besten Spieler mit zweien der unterlegenen Mannschaft austauschen. Das Spiel hört erst auf, wenn es unentschieden steht. Dieser Art zu spielen liegt ein echtes Interesse an Spiel und Freude zugrunde. Hier geht es um Erfüllung und nicht um Sieg.

Können Menschen auf Dauer so naiv sein und glauben, Glück hänge von Dingen ab?

Das einzig wirkliche Versagen besteht darin, sich selbst, seine Träume und Ziele zu verlieren und ein Leben zu führen, das diese Bezeichnung kaum verdient, weil ihm die Lebendigkeit fehlt.

Ungeduld

Unterwegs wächst der Druck, ein Ziel zu erreichen, und treibt zur Eile an. Wichtige Ziele liegen aber zumeist nicht um die Ecke, sondern sind weiter entfernt. Und je schneller man dann ankommen will, desto eher geht die Luft aus.

Eine der besten Lebenseinstellungen, die ich kenne, besteht darin, alle Geschehnisse und auch das Leben selbst als eine unentwegte Entwicklung zu begreifen. Solch eine Haltung braucht ein Schatzgräber, wenn er vorsichtig Schicht für Schicht des Bodens abhebt, um einen Schatz zu bergen. Sicherlich ginge es mit einem Bagger schneller, aber dann würde vieles zerstört oder bliebe unentdeckt.

Sorgfalt und Geduld, Behutsamkeit und Konsequenz sind wertvolle Eigenschaften, wenn es um die Entwicklung von Lebensqualität geht. Wenn die Ungeduld zupackt, hat man wahrscheinlich die Orientierung am inneren Ziel verloren und schielt auf äußere Symbole. In Fällen großer Ungeduld: Erinnern Sie sich an Ihr wahres, inneres Ziel. Formulieren Sie den individuellen Mythos. Lassen Sie die Heldengestalt handeln. Damit kehrt auch die Zuversicht zurück.

Langeweile

Wenn Held und Dämon ihren Kampf abseits bewusster Aufmerksamkeit führen, lähmen sie die Handlungskraft. Dies wird als Langeweile erfahrbar.

Langeweile ist die Spannung zwischen einem Lebensimpuls und seiner Unterdrückung. Die Lebenslust meldet sich, aber man sieht keine Möglichkeit, ihr zu folgen, und erstarrt. Die Zeit des Wartens wird lang, eben eine ziemlich lange Weile.

Manche Menschen finden das Leben an sich langweilig. Man kann daraus schließen, wie sehr sie sich in ein Korsett aus Vorstellungen, Moral, Verboten und Einschränkungen einschließen.

Dabei ist Langeweile ein gutes Zeichen. Sie zeigt, dass man noch lebendig ist. Man darf sie nur nicht auf die Umstände schieben, sondern auf das eigene Verhalten. Eine Möglichkeit, mit Langeweile umzugehen, ist, diese Empfindung zu erforschen. Wer die in dem Spannungsgefühl verborgenen Lebensimpulse und die zugleich wirksamen Verbote entdeckt, findet leichter neue Verhaltensmöglichkeiten.

Man kann beispielsweise innehalten und sich fragen: Was tue ich? Stimmt es für mich? Wovor schrecke ich zurück? Was würde ich am liebsten tun, und was hindert mich daran? Was würde der Held tun?

Mit Zweifeln umgehen

Wenn sich Veränderungsimpulse und die Angst vor ihrer Umsetzung im Bewusstsein befinden und sich dort die Waage halten, ist man zwischen Zweifeln hin- und hergerissen.

Manche Menschen können sich grundsätzlich nicht entscheiden und sind ständig im Zweifel. Ein Grund mag darin bestehen, dass sie ihre Zweifel loswerden wollen, bevor diese erforscht sind. Sie halten ihre Zweifel einfach nicht aus.

Das Schwierigste im Umgang mit Zweifeln ist sicher, sich mit ihnen auseinander zu setzen. Wenn Zweifel sich nicht auflösen, fehlen meist wichtige Informationen, die sich nicht selten aus dem Wesentlichen, also aus dem individuellen Mythos, ergeben. Zweifel sind wie lästige Freunde, die man nicht loswird, weil sie etwas Wichtiges mitteilen wollen. Sie werden erst verschwinden, wenn ihre Botschaft verstanden wurde.

Eine Frau hat starke Fantasien vom Fremdgehen. Soll sie es tun? Eine Seite sagt: »Ja, dein Mann schläft schon lange nicht mehr mit dir, also geh und sorge für dich.« Eine andere Seite warnt: »Wenn das rauskommt, wird er dich verlassen.« In solch einem Fall ist es sicher richtig, eine Weile zu zweifeln und damit auch auf die Angst zu hören. Denn die bestehende Beziehung könnte zerstört werden, und sie ist trotz ihres Mangels wertvoll. Vielleicht gibt es andere Wege, Sinnlichkeit zu erleben.

Sich im Zweifel aufhalten ist zwar unangenehm, lässt aber am Thema bleiben und die Vor- und Nachteile des entsprechenden Verhaltens nach und nach begreifen. Erst wenn genügend Klarheit da ist, wenn eine Seite dauerhaft überwiegt, kann man den Schritt tun und entscheiden.

Eine weitere Möglichkeit, Zweifel aufzulösen, wäre, sich auf den individuellen Mythos zu besinnen. Begeben Sie sich in den Zieltraum und suchen Sie nach weiteren Informationen. Sie können in Gedanken, Gefühlen oder Fantasien verborgen liegen.

Risiken eingehen

Ein Risiko ist eine Ungewissheit in Bezug auf die Ergebnisse des Handelns. Manche Menschen scheuen selbst das kleinste Risiko, andere scheren sich ganz im Gegenteil nicht im Mindesten um die Folgen einer Tat.

Ein Mensch kann aus Angst wie versessen jeden Pfennig sparen und das Risiko scheuen, sein Geld auf die Bank zu bringen. Denn tatsächlich sind in den letzten Jahren eine Reihe von Banken bankrott gegangen. Man kann aber auch das große Risiko wählen und sein gesamtes Geld einem Börsenspekulanten anvertrauen. Jedes Jahr verlieren leichtgläubige Menschen in diesem Land Milliardenbeträge aus solcher Gier heraus.

In beiden Fällen – bei der Risikovermeidung und beim blinden Risiko – bestimmt Angst das Verhalten. Im einem Fall ist es die Angst, etwas zu verlieren, im anderen Fall die Angst, etwas zu verpassen. Beide Taten, der Geiz und der blinde Wagemut, sind also Dämonenwerk.

Erinnern wir uns: Es geht nicht darum, *irgendetwas* zu tun. Es geht darum, eine *Heldentat* zu begehen. Für den Geizigen ist Großzügigkeit die Heldentat, und für den Verschwender besteht sie darin, besonnen zu sein.

Grundsätzlich wächst die Bereitschaft, etwas Neues zu wagen, mit dem Leid, das entsteht, wenn man zu lange am Alten festhält. Leid bestärkt Sehnsüchte und Träume, und diese bringen Entschlossenheit näher.

Deshalb ist es durchaus in Ordnung, eine kurze oder lange Weile zu zögern, bis eine Angelegenheit »reif« ist und der Schritt gewagt werden kann. Eine weitere Möglichkeit, mit Risiken umzugehen, besteht darin, den Beschwörungen der Dämonen genau zuzuhören und sie als Erfahrungen aus der Vergangenheit zu erkennen. Eventuell muss man »vom Blute des Dämonen schmecken«, um weiterzukommen.

Der Sorgenmacher

Sorgen zu haben scheint eine der liebsten Beschäftigungen zu sein. Wenn die Wirtschaft nur um 2,1 statt um 2,8 Prozent wächst, machen wir uns große Sorgen.

Sorgen sind meist Projektionen eigener Ängste in die Zukunft. Eine Methode, den Dämon Sorgenmacher zu vertreiben, ist, die Sorgen hemmungslos zu übertreiben. Machen Sie ein Experiment. Machen Sie sich *hundertprozentige* Sorgen. Versuchen Sie, sich ganz bewusst fünfzehn Minuten lang zu sorgen. Malen Sie absichtlich schwarz. Und dann schauen Sie zu, wie aus dem Dunkel Hoffnung und Zuversicht entstehen.

Eine andere Möglichkeit, mit dem Dämon »Sorgenmacher« umzugehen, besteht darin, ihm zuzuhören. Dann kann sich herausstellen, wer da spricht. Oft sind es gerade die verinnerlichten Stimmen der anderen, die Angst machen und zu angepasstem Verhalten bewegen wollen. Es gibt immer andere Möglichkeiten. Der Held wird sie finden.

Schuld

Schuld zielt auf die Erhaltung menschlicher Beziehungen. In der Kindheit entsteht das Gefühl unter anderem, wenn man befürchtet, wichtige Menschen, wie beispielsweise die Eltern, zu verlieren. Schuld ist also entgegen verbreiteter Ansicht nicht eine Frage des Richtig und Falsch an sich, sondern des Richtig und Falsch in Bezug auf bestimmte Menschen.

Schuld ist ein sinnvolles und nützliches Gefühl, so lange sie ein bestimmtes Ausmaß nicht überschreitet. Jede unangepasste

Handlung kann Schuldgefühle hervorrufen. Derjenige macht sozusagen Schulden. Und weil eine Beziehung auf dem Ausgleich von Nehmen und Geben beruht, möchte er diese Schulden zurückzahlen, durch an die Beziehung angepasstes Verhalten. So wird er die Schuldgefühle wieder los.

Wenn das Schuldgefühl aber bleibt, sollte man sich klar werden, ob und was man dem anderen wirklich schuldet. Vielleicht schuldet man die Wahrheit.

Bedürfnisse – Kraft tanken

Unterwegs zum Ziel mag die Kraft ausgehen, denn die Auseinandersetzung zwischen Held und Dämon kostet Kraft. Sehr wahrscheinlich ist versäumt worden, den Zukunftstraum genügend auf die Gegenwart anzuwenden. Dann ist es höchste Zeit, unmittelbar am Ziel zu sein – zumindest für eine kurze Weile.

Machen Sie Urlaub am Ziel ihrer Träume! Am besten gleich heute noch, und lassen Sie sich nicht abhalten. Wenn Ihr Ziel beispielsweise darin besteht, einen Lebenspartner zu finden, dann suchen Sie möglicherweise einen Zustand von »Vertrauen« und beschreiben diesen mit den Worten »sich auf jemand verlassen können«.

Was würde Ihnen diesen Zustand in der nächsten Stunde oder heute Abend vermitteln? Was würde Ihnen das Gefühl, »sich verlassen zu können«, nahe bringen? Lassen Sie sich vom Dämon nicht einreden, das gehe nicht, das gebe es nicht, das reiche nicht und so weiter. Ein kleines Stück der Zukunft geht! Wenn Ihr großes Ziel die Pensionierung ist, um dann »endlich tun zu können, was Sie möchten«, warten Sie nicht. Tun

Sie gleich heute etwas von dem, was Sie wollen. Sagen Sie sich Sätze, die anfangen mit »Ich darf«, denn »dürfen« ist der Kern des Wortes Bedürfnis. Tun Sie sich etwas Gutes an. Machen Sie einen kleinen Schritt in Richtung auf Ihren Mythos. So können Sie Kraft tanken.

Zufälle/Schicksal

Vieles von dem, was geschieht, erscheint »zufällig« oder »unabsichtlich«. Man geht über die Straße, und »zufällig« fällt der Blick auf diese Frau/diesen Mann. Man sieht »zufällig« einen Gegenstand und will ihn haben. War es Zufall, oder war man bereit, sich auf das nächstbeste Symbol zu stürzen? Hat ein Symbol sich an jemanden geheftet, um ihn auf die Spur des individuellen Mythos zu bringen? Gibt es einen versteckten Sinn in scheinbar zufälligen Ereignissen?

Manchmal geschehen massive Dinge, und es passiert »alles auf einmal«. Die Ereignisse nehmen ihren Lauf, und man kann sie nicht aufhalten. Mir fällt ein Mann ein, ein wohlhabender Unternehmer um die sechzig, der von seiner Frau verlassen wurde. Weil er nun allein war, luden ihn Freunde nicht mehr ein, denn seine Bekanntschaft bestand nur aus Paaren. Aus Kummer betrank er sich und fuhr betrunken Auto, woraufhin er den Führerschein verlor. Weil er sich in dieser Situation nicht auf seine Arbeit konzentrieren konnte, sprangen obendrein einige wichtige Kunden ab.

»Wenn es kommt, dann kommt es dicke«, heißt es umgangssprachlich zu solchen Situationen. Es gibt eine einfache Erklärung für diese Vorgänge: Die betroffenen Systeme hängen zusammen. Wenn ein Element umfällt, reißt es andere in einem Dominoeffekt mit.

Den Sinn einer solchen Entwicklung kann eine Frage zeigen. Ich stellte sie dem Mann. »Wer werden Sie am Ende dieser schwierigen Entwicklung sein?« Die Antwort ergab sich aus einer ganzen Reihe einzelner Betrachtungen. Sie lautete zusammengefasst: »Jemand, der Menschliches mindestens ebenso wichtig nimmt wie Geschäftliches.«

Da kann man nur zu den Ereignissen gratulieren. Am Ende seiner schicksalhaften Entwicklung wird der Mann eine Frau haben, die an ihm und nicht an seinem Geld interessiert ist. Er wird Freunde haben, die ihn und nicht sein Image mögen. Und er wird dem Unternehmen nicht mehr absolute Priorität einräumen. Weil er menschlicher geworden ist.

Schwierige Situationen haben durchweg einen tieferen Sinn, und anstatt die Menschen oder sich selbst zu bemitleiden, kann man die Chance darin suchen. Fast immer ist sie auf die eine oder andere Weise mit dem individuellen Mythos verknüpft.

So auch im folgenden Beispiel: Eine Frau liebt zwei Männer. Sie wird von beiden massiv unter Druck gesetzt, denn jeder will, dass sie sich für ihn entscheidet. In dieser Lage kann es keine leichte Lösung geben. Um den Sinn dieser Situation zu entdecken, stelle ich ihr die gleiche Frage: »Wer werden Sie am Ende der Entwicklung sein?« »Eine Frau, die sich zu ihrer Wahrheit und ihren Bedürfnissen bekennt, anstatt sich den Männern anzupassen.«

Möglicherweise wird sie auf dem Weg zu dieser »Selbstbestimmtheit« einen oder beide Männer verlieren. Doch das ist unwichtig, denn Selbstbestimmtheit ist das wichtigere Ziel. Und wie anders als durch solche Konflikte sollte sie lernen, zu sich und ihren Gefühlen zu stehen?

Das Schicksal führt Menschen auch gegen deren Willen zum individuellen Mythos, manchmal auf krasse Weise. Ein Mann fuhr in völlig übermüdetem Zustand einen Radfahrer an, der kurz darauf starb. Der Mann kam ins Gefängnis. Dies war ein schwerer Schlag für die Familie, denn nun fiel der Geldverdiener aus. Doch der Mann erlebte etwas Positives.

»Nach ein paar Monaten war mir klar, dass es sich bei dem Unfall nicht um ein Versehen gehandelt hatte. Ich war einfach zu sehr auf der Jagd nach dem Geld. Ich wurde rücksichtslos und bin dementsprechend Auto gefahren. Irgendwie war ich auf einem Trip und habe vergessen, wofür ich das alles eigentlich mache. Seitdem mir das klar wird, ist die Beziehung zu meiner Frau wieder intensiver und liebevoller geworden. Es hat wohl so kommen müssen.«

Dieser Mann ist durch sein Schicksal »Der Besonnene« geworden, ein Mensch, der sich darauf besinnt, wozu er tut, was er tut. Manchmal gehört es zu den Heldentaten, sein Schicksal anzunehmen und sich damit auseinander zu setzen.

Erkrankungen

Auch Erkrankungen tragen nicht selten die Handschrift des individuellen Mythos. In einem meiner Seminare erzählte ein Teilnehmer von einer schweren Grippe, die ihn für drei Wochen ans Bett fesselte. Obwohl die Krankheit heftig war, wunderte er sich darüber, »wie gut es mir dabei ging. Ich war innerlich ganz ruhig und habe diese Zeit trotz körperlicher Strapazen sehr genossen.«

Nun sprachen vier weitere Teilnehmer, von dem Erlebnis angetan, von ihrer Sehnsucht danach, einmal längere Zeit krank zu sein und so aus der Alltagsroutine auszusteigen und sich hängen zu lassen.

Krankheit kann tatsächlich auf einem Traum beruhen. Dies erfahren auch Menschen, die sich nicht im Mindesten mit inneren Zielen befassen. Kernwunsch, individueller Mythos, innere Ziele – das sind Fremdwörter, die sie nicht interessieren. Sie versuchen stattdessen, gnadenlos sich selbst gegenüber, unter allen Umständen ein bestimmtes äußeres Symbol zu verwirklichen.

Solche Menschen erfahren oft, dass der individuelle Mythos körperliche Symptome produzieren kann, mit deren Unterstützung er sie von der Fixierung auf Ausgangssymbole löst und auf innere Ziele hinlenkt. In der Krankheit erfüllt sich dann »der Traum des Körpers«, ganz wie bei den Gruppenteilnehmern oben.

So hilft beispielsweise ein Schmerz, der aufgrund von Überlastung eintritt, rücksichtsvoller mit sich umzugehen. Rät man solch einem Menschen »Schone dich«, wird er wütend und schimpft auf »die lästigen Nackenschmerzen« oder die »grausamen Gliederschmerzen«. Ganz sicher stört der Schmerz das Symbol »Leistung«. Doch ebenso sicher unterstützt er die gesuchte Qualität »Entspannung«, und das unabhängig davon, ob es dem Betreffenden gefällt oder nicht.

Wozu schuftet der Mensch so viel? Damit er es später einmal gut hat. Der Schmerz zwingt ihn jedoch, sich jetzt zu schonen und nicht erst später.

Ich denke in diesem Zusammenhang auch an eine Frau mittleren Alters, die durch eine schwere Herzoperation völlig aus der Bahn geworfen worden war. Die Frau hatte in sehr auf Symbole fixierten Kreisen gelebt. Hübsch sein, gut gelaunt sein, erfolgreich sein waren die Werte ihrer Umgebung.

Durch die große Operationsnarbe, ihre eingeschränkte körperliche Leistungsfähigkeit und den Schock der Veränderung wurde die Frau aus ihrer äußerlichen Fixierung gerissen und nach innen geworfen. In den auf die Operation folgenden Monaten wurde ihr allmählich die ganze Anstrengung bewusst, die ihr außenorientiertes Leben erfordert hatte, und sie begann ihr Schicksal in einem anderen Licht zu sehen. Sie sagte: »Es ist nicht leicht, wenn plötzlich die ganze Fassade wegfällt, aber manchmal glaube ich, dass mein Leben dadurch besser wird.«

Es wird besser, weil sie beginnt, sich am individuellen Mythos zu orientieren statt an anderen Menschen. Träumte das Herz von Wichtigerem als von äußerer Anerkennung? Hat der individuelle Mythos die Herzerkrankung herbeigeführt? Wir wissen es nicht, aber wir sehen die Ergebnisse, und diese sind auch positiv.

Ein Großteil psychosomatischer Erkrankungen entsteht allem Anschein nach aus dem Regulationsmechanismus, der eintritt, wenn Menschen einseitig leben und sich zu sehr nach außen orientieren.[4] Die Krankheit bringt die andere, die innere Seite hervor. Dann geht es nicht mehr um Haben und Erreichen, sondern um Ruhen, Lassen und Heilen.

Auf diese Weise können sogar Krankheiten oder auch Unfälle dem individuellen Mythos zum Durchbruch verhelfen. Natürlich wird solch eine quasi erzwungene Veränderung als Schock erlebt. Man ist gegen eigenen Willen in die Situation geraten.

---

[4] siehe hierzu Mary: *Change – Lust auf Veränderung,* Bergisch Gladbach 2004

Einige fruchtbare Fragen lauten dann: »Wozu ist es gut? Welcher Teil braucht diese Entwicklung? Wohin führen die Ereignisse? Wer werde ich dadurch?«

Menschen begegnen

Andere Menschen zeigen oft Fähigkeiten und Eigenschaften, die man selbst sucht. So wird der andere zum Helden, und man glorifiziert ihn. Wenn er aber etwas zeigt, das man an sich ablehnt, wird er zum personifizierten Dämon, und man verachtet ihn.

Andere Menschen gehören zu den größten Herausforderungen. Dabei ist es egal, ob es sich um Freunde oder Feinde handelt. Freunde können unterstützen, und in der Auseinandersetzung mit Feinden kann man sich bewähren und lernen, zu sich zu stehen. So brauchen wir andere – als Unterstützung oder als Herausforderung. Die Begegnungen mit ihnen sind spannend.

Der Welt begegnen

Die Welt stellt ebenso wie andere Menschen eine Erfahrungsebene des Selbst dar. In der Umgebung sieht man vorwiegend, was durch den Wahrnehmungsschleier, also die eigene Lebenshaltung, sichtbar wird. Auch in der Welt begegnet man also zumeist sich selbst.

Ich beriet einen Mann, der sich sehr an der emotionalen Art seiner Ehefrau störte. Er meinte, er wäre »nicht so gefühlsbetont« wie sie. Im Laufe unseres Gespräches beklagte er sich dann über die Zerstörung der Umwelt, über den Hass und die Aggression unter den Menschen, über Kriege und Hunger. Er sagte: »Das ist doch eine traurige Welt, oder nicht?«

Und dieser Mann glaubte ernsthaft, nicht gefühlsbetont zu sein! Da er aber Gefühle an sich selbst nicht wahrnehmen und an seiner Frau nicht annehmen konnte, fand er sie in der Welt. Er entschloss sich, bei einer Hilfsorganisation einzusteigen, und merkte nicht, dass er auf diese Weise Gefühle lebte.

Wie ist Ihre Welt? Was suchen Sie darin? Wo wenden Sie sich hin, und wovon wenden Sie sich ab? Wie suchen Sie, Ihren individuellen Mythos auf diese Weise zu erfüllen?

Schlussbemerkung

Ein armer Tropf, der weiß, was er tut, aber nicht weiß, wozu er es tut.

Herauszufinden, wozu man das tut, was man tut, dem eigenen Leben Sinn zu verleihen, darin besteht der eigentliche Akt der Lebensgestaltung. Einer Lebensgestaltung, die nicht von plumpen Machbarkeitsfantasien im Sinne des »Du kannst alles erreichen, wenn du es nur willst« bestimmt ist. Vielmehr eine Lebensgestaltung, welche die Übereinstimmung von inneren Antrieben und äußeren Umständen sucht – die Lebensträume nimmt, um Lebenssinn zu finden.

Diese Lebensgestaltung ist nicht Ergebnis von einmal getroffenen Entscheidungen, die für den Rest des Lebens gelten. Lebensgestaltung stellt einen lebenslangen Prozess dar, der stets von Entscheidungen über deren Prüfung und Korrektur verläuft.

Der individuelle Mythos kann nicht »ein für alle Mal« definiert werden. Da Menschen mit der Lampe ihres Bewusstseins nur ein kleines Stück in die unbewussten Bereiche ihres Selbst hineinschauen können, offenbart sich der individuelle Mythos in der Bewegung, Schritt für Schritt.

Ich hoffe, Ihnen einige Anregungen zur Entdeckung Ihres Lebenssinnes gegeben zu haben. Und eines scheint sicher zu sein: Wir werden nicht aufhören zu träumen!

Öfter mal was Neues oder Angst vor Veränderung?

Michael Mary
CHANGE
LUST AUF VERÄNDERUNG
Sachbuch
160 Seiten
ISBN 978-3-404-60539-X

Menschen sehnen sich nach Veränderung und fürchten sich zugleich davor. Doch Wandel geschieht ständig – unabhängig davon, ob er gesucht wird oder nicht. Und er kündigt sich an. Durch körperlich spürbare, emotional fühlbare oder in Träumen sichtbare Impulse. Sie sind die verborgene Lust eines Menschen. Wenn man lernt, diese Anzeichen zu erkennen, besteht die Chance, den Wandel zu unterstützen, sodass er sich nicht gegen den Willen des Menschen durchsetzen muss. Denn der Lust Raum zu geben erweitert das Leben. Das Buch führt zu einem tiefen Verständnis von Wandlungsprozessen und macht verborgene Wünsche für den Einzelnen erkennbar.

Bastei Lübbe Taschenbuch